AF320933

LES
HUGUENOTS

OPÉRA EN CINQ ACTES

PAR M. EUGÈNE SCRIBE,

MUSIQUE DE GIACOMO MEYERBEER,

Divertissemens de M. Taglioni,

DÉCORS DE MM. SÉCHAN, FEUCHÈRES, DIÉTERLE ET DESPLÉCHIN;

REPRÉSENTÉ POUR LA PREMIÈRE FOIS

Sur le Théâtre de l'Académie Royale de Musique,

Le 29 Février 1836.

Prix : 1 franc.

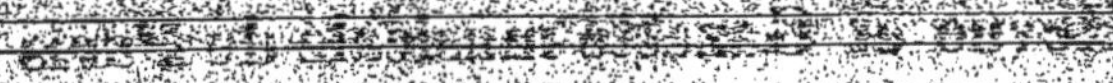

PARIS,

MAURICE SCHLESINGER, ÉDITEUR, 97, RUE DE RICHELIEU,

SOUS. LIBRAIRE DE L'OPÉRA. J. N. BARBA, LIBRAIRE, PALAIS-ROYAL.

1836

Revue et Gazette musicale de Paris

POUR 1836,

Rédigée par MM. *Adam*, *C.-E. Anders*, *Berton* (membre de l'Institut) *Berlioz*, *Castil-Blaze*, *Boitte de Toulmon* (bibliothécaire du Conservatoire), *Al. Dumas*, *Fétis* père (maître de chapelle du roi des Belges), *F. Halévy*, *Jules Janin*, *G. Lepic*, *Liszt*, *Lesueur* (membre de l'Institut), *J. Mainzer*, *Marx* (rédacteur de la *Gazette musicale de Berlin*), *E. Monnais*, *d'Ortigue*, *Panofka*, *Richard*, *J.-G. Seyfried* (maître de chapelle à Vienne), *Stephen de la Madeleine*, etc.

Ce journal publie le dimanche de chaque semaine une feuille de texte à seize colonnes. Messieurs les abonnés reçoivent des supplémens de musique, ainsi que des portraits des auteurs et artistes. On joint gratis avec le dernier numéro de chaque mois un morceau de musique pour le piano, des auteurs les plus célèbres; ces morceaux sont de 16 à 22 pages, et coûtent dans le commerce de 5 fr. à 7 f. 50 c. Les morceaux de musique livrés aux abonnés de 1835 sont :

JANVIER. Variations sur une valse de Meyerbeer, par Leidesdorf.	JUILLET. Variations sur un thème original, par Kalliwoda.
FÉVRIER. Scherzo, par Chopin.	AOUT. 5 airs de ballets de la *Juive*, par J. Herz, n° 1
MARS. Rêveries, par Hiller.	SEPTEMBRE. — n° 2
AVRIL. Variations brillantes, par Charles Schunke.	OCTOBRE. — n° 3
MAI. [illegible]	NOVEMBRE. [illegible] par Ch. Schunke.
JUIN. Harmonies poétiques, par Liszt.	DÉCEMBRE. [illegible] par Charles Schunke.

Parmi les articles les plus intéressans de 1835, nous citerons : *Comment j'ai quitté la Maison*, conte fantastique, par *J. Janin*, — la Langue des [illegible] *Médée* et *Iphigénie* de Gluck, par *H. Berlioz*, l'Italie sous le rapport musical, par *Mainzer*, — *Lablache*, par *Castil-Blaze*, — la *Fontaine* [illegible], par *Méry*, — le Meilleur de mes amis, par *S. Fétis*, — le Concert chez *Hummel*, — Instrumens antiques trouvés à Pompéï, — Essai sur le Pédale de la musique instrumentale, par [illegible], — la Méditerranée et ses côtes, par *A. Dumas*, — la *Norma*, par *Méry*, — les Cygnes chantent en mourant, — sur la musique et sur sa popularisation en France, par *Mainzer*, — Guillard et Saccini, par *Berton*, — la Ballade de Bourbon l'Archambault, par *Alexandre Dumas*, — Curiosités musicales, — la *Juive*, par *A. Dumas*, — de la situation des Artistes, par *Liszt*, — la répétition générale d'*Iphigénie en Tauride*, par *Adam*, — *Liszt*, par *d'Ortigue*, — les Concerts par *Castil-Blaze*, — de l'instrumentation de *Robert-le-Diable*, par *H. Berlioz*, — [illegible] sur le dix-sep-tième siècle, par *Anders*, — *Méhul* et *Boïeldieu*, avec fac-simile, — influence du soleil sur la santé des artistes, par *Mainzer*, — *Bellini*, avec fac-simile, — de la musique dans les prisons, par *E. Monnais*, — sur l'apprécia-tion de la musique allemande, par *F. Stœpel*, — *Voltaire*, la musique et les musiciens, — comment l'opéra fut introduit en France, par *Stephen*, — *Giulio Regio*, avec son [illegible], — Lettre d'un voyageur à Georges Sand, par *Liszt*, — Fac-simile d'un chœur inconnu du *Messie* de Hændel, — un début en province, par *J. Adam*, — Méthode de chant, par *Fétis*, — etc., etc.

PRIX DE L'ABONNEMENT.

	Paris.	Départemens.	Étranger.
3 mois.	8 fr.	9 fr.	10
6 mois.	15	17	19
1 an.	30	34	38

Les bureaux d'abonnement sont rue de Richelieu, 97. (Affranchir.)

Il reste encore quelques exemplaires de la première et deuxième année de la *Gazette*, au prix de 30 fr.

ABONNEMENT DE MUSIQUE D'UN GENRE NOUVEAU,

POUR LA MUSIQUE INSTRUMENTALE ET POUR LES PARTITIONS D'OPÉRA.

Chez MAURICE SCHLESINGER, rue Richelieu, 97.

L'ABONNÉ paiera la somme de 50 fr. Il recevra pendant l'année *deux morceaux de Musique instrumentale* ou *une partition et un morceau de musique*, qu'il aura le droit de changer trois fois par semaine, et au fur et à mesure qu'il trouvera un morceau ou une partition qu'il lui plaira, dans le nombre de ceux qui figurent *sur mon Catalogue*, il pourra le garder jusqu'à ce qu'il en ait reçu assez pour égaler la somme de 75 fr., *prix marqué*, et que l'on donnera à chaque abonné pour les 50 francs payés par lui. De cette manière l'ABONNÉ aura la facilité de lire autant que bon lui semblera, en dépensant *cinquante* francs par année, pour lesquels il conservera pour 75 fr. de musique.

L'abonnement de *six mois* est de 30 francs, pour lesquels on conservera en propriété pour 45 fr. de musique. Pour trois mois le prix est de 20 fr., on gardera pour 30 fr. de musique. Pour un an l'on enverra *quatre morceaux* à la fois [illegible].

N. B. Les frais de transport sont au compte de MM. les Abonnés. — Chaque abonné est tenu d'avoir un carton pour porter la musique. (Affranchir.)

MM. les abonnés ont à leur disposition une collection complète de partitions à grand orchestre et avec accompagnement de piano, gravés en France, en Allemagne et en Italie.

ADOLPHE ÉVERAT, imp., rue du Cadran, 16.

LES HUGUENOTS.

PERSONNAGES.		ACTEURS.
MARGUERITE DE VALOIS, fiancée de Henri IV.		Mme Dorus-Gras.
LE COMTE DE SAINT-BRIS, Seigneur catholique, gouverneur du Louvre. .	M.	Serda.
VALENTINE, sa fille.		Mlle Falcon.
LE COMTE DE NEVERS. . . .		M.	Dérivis.
COSSÉ.			Dupont.
THORÉ.	Gentilshommes catholiques. . . .	Wartel.
TAVANNES.		Massol.
DE RETZ. . . , ...		Ferdinand Prévost.
RAOUL DE NANGIS, gentilhomme protestant.		Adolphe Nourrit.
MARCEL, son domestique.		Levasseur.
URBAIN, page de la reine Marguerite.		Mlle Flécheux.

La scène se passe au mois d'août 1572, les deux premiers actes en Touraine, les trois
derniers à Paris.

Imprimerie de A. Éverat, rue du Cadran, 16.

LES HUGUENOTS,

OPÉRA EN CINQ ACTES,

Paroles de M. Eugène Scribe,

MUSIQUE DE M. GIACOMO MEYERBEER,

BALLETS DE M. TAGLIONI.

DÉCORS DE MM. SÉCHAN, FEUCHÈRES, DIETERLE ET DESPLECHIN.

REPRÉSENTÉ POUR LA PREMIÈRE FOIS

Sur le Théâtre de l'Académie Royale de Musique,

Le 29 février 1836.

PRIX : 1 FRANC.

PARIS,

MAURICE SCHLÆSINGER, ÉDITEUR, 97, RUE DE RICHELIEU;

JONAS, LIBRAIRE DE L'OPÉRA, ET N. BARBA, LIBRAIRE, AU PALAIS-ROYAL.

1836.

CHANT.

ACTE PREMIER.

SEIGNEURS CATHOLIQUES.

Tous MM. les artistes des chœurs.

ACTE II.

SEIGNEURS PROTESTANTS.

MM. Charpentier, Bégrez. Laty , Robin , Tardif, Cognet. Ménard, Saint-Denis, Colonna, Olen, Robert, Goyon, Esmery 1er, Forgues , Popé , Esmery 2e, Douvry, Georget , Boucher, Janin.

SEIGNEURS CATHOLIQUES.

MM. Vaillant, Gontier, Picardat, Laussel, Monneron, Dauger, Bernoux, Laforge, Clavé, Laissemant, Damoreau, Grognet, Guignot, Bouvenne, Guion, Ducauroy, Hens, Doutreleau, Alizard, Fortado.

DAMES DE LA COUR.

Toutes les dames des chœurs.

ACTE III.

SOLDATS PROTESTANTS.

MM. Picardat, Dauger, Clavé, Laussel, Monneron, Bernoux, Delaforge, Laissemant, Grognet, Vermeulin, Laty, Robin, Ménard, Tardif, Olen. Cognet, Saint-Denis, Bégrez, Bop, Guignot, Hens , Goyon, Guion, Ducauroy, Alizard, Popé, Esmery 1er, Doutreleau, Esmery 2e, Douvry. Georget, Janin, Menoud, Forgues, Godefroy, Bouchez.

ETUDIANTS.

MM. Charpentier, Robert, Fortado, Bouvenne.

QUARTENIERS.

MM. Gontier, Colonna, Damoreau, Cresson.

BOHÉMIENNES.

Mesd. Grosneau, Bouvenne. Ingraud. Mathilde, Sevres, Augusta, Barbier, Requiner.

FEMMES DU PEUPLE.

Mesd. Blangy, Lorotte, Proche. Nery, Ottmann, Forget, Muller,
Finart. Chorus, Guitteau, Ragaine, Widemann, Carey, Ménard, Dussart, Bataillard , Prévot, Bolard, Baron, Villers, Bournay, Fitzjames, Bienvenu, Lemousse, Blanche.

PAYSANS.

MM. Vaillant, Dauger, Vermeulin, Laty, César, Bégrez, Olen, Bop, Guignot. Goyon, Guion, Hens, Doutreleau, Forgues, Ducauroy. Godefroy, Alizard, Georget, Bouchez, Esmery 1er, Esmery 2e.

BOURGEOIS.

MM. Picardat, Laussel, Bernoux, Monneron, Laissemant, Grognet, Tardif, Tondeur, Wimphen, Douvry, Menoud.

MAGISTRATS.

MM. Ménard, Robin, Saint-Denis.

MAITRES DES COMPTES.

MM. Popé, Clavé.

MOINES.

MM. Delaforge, Cogn et.

ACTE IV.

MM. des chœurs comme au final du 3e acte.
Toutes les dames des chœurs en moines.

ACTE V.

SEIGNEURS PROTESTANTS.

MM. Vaillant, Gontier, Laforge, Damoreau, Grognet, Cresson, Vermeulin, Wimphen, César, Robin, Cognet, Ménard, Saint-Denis, Colonna, Bop, Robert, Tondeur, Hens, Fortado, Popé, Douvry, Boucher, Janin, Ménard.

DAMES PROTESTANTES.

Toutes les dames des chœurs.

HOMMES DU PEUPLE CATHOLIQUES,

MM. Laussel, Monneron, Dauger, Bernoux, Clavé, Laissemant, Charpentier, Picardat, Bégrez, Laty, Tardif, Olen, Guignot, Bouvenne, Guion, Ducauroy, Doutreleau, Alizard, Goyon, Gaudefroy, Esmery 1er, Forgues, Esmery 2, Georget.

DANSE.

ACTE PREMIER.

JOUEURS DE BALLONS.

MM. Mignot, Carrez, Emile Petit, Alexandre Fusch.

PAGES DU DUC DE NEVERS, AUX 1er ET 3e ACTES.

MM. Desjardins, Huby, Sery, Grossaint, Binet, Marcelin.
Valets de pied du duc de Nevers.
Valets de pied masqués de la reine de Navarre.

DEUXIÈME ACTE.

DAMES D'HONNEUR.

Mesd. Leclercq, Duc, Euphrasie, Coupotte. Débacquit, Saulnier 1re, Athalie, Duménil 2e, Pujol, Beaupré, Colson, Saulnier 2e, Forster, Blangy, Maria, Albertine.

CORPS DE BALLET.

Mesd. Pérès, Robin, Marivin , Pierson , Guichard , Larchet, Carrez, Lepetit, Joséphine, Jomard.

BAIGNEUSES.

Mesd. Fitzjames 3e, Dumilatre 1re, Dumilatre 2e, Virginie, Baptiste, Caroline, Victorine, Célestine, Célarius, Bassompière.

PAGES DE LA REINE MARGUERITE.

Mesd. Courtois 1re, Courtois 3e, Lejoindre, Rondeau, Destré, Seris.

TROISIÈME ACTE.

PEUPLE.

MM. Louis Petit, Isambert, Bégrand, Célarius, Charles Petit, Sascoui, Lenfant, Cornet, Ragaine, Emile Petit, Mignot, Carrez, Grosneau, Grenier, Vincent, Provost, Lefebvre, Paul, Péqueux, Alerme, Faucher 2e, Lenoir, Clément, Gredeîne.

DAMES DU PEUPLE.

Mesd. Duc, Leclercq, Euphrasie, Coupotte, Delacquit, Saulnier 1re, Athalie, Duménil 2e, Pujol, Beaupré, Colson, Saulnier 2e, Campan, Jomard, Lacroix, Duc, Roussel, Lenoir, Seuriot, Lemonnier, Bassompière, Célarius.

ENFANTS DU PEUPLE.

MM. Huguet, Desplaces 2e, Henry. Collet, Millot, Brillant,
Durand, Fromage, Constant, Provost, Cornet 2e, Ernest; mesdemoiselles Marquet, Desjardins, Robert, Sauton.

PROCESSIONS.

Mesdem. Duparc, Gancher, Saulnier 3e, Ferdinand 1er, Ferdinand 2e, Bénard, Laurent, Paget, Josset, Pérès 2e, Courtois 2e, Chevalier.

BOHÉMIENS ET BOHÉMIENNES.

1er sujets : MM. Maziliers, Desplaces; mesd. Montessu, Florentine Guillier.

SOLDATS CATHOLIQUES.

MM. Simon, Mignot, Saxoni, Emile Petit, Carré.

CORPS DE BALLET.

MM. Dor, Honoré, Guiffard, Gondouin, Scio, Coraly, Massot, Adrien, Alexandre, Chatillon, Mirante, Hyppolite Barrez; mesd. Pérès, Marivin, Pierson, Larché. Guichard, Joséphine, Fitzjames 3e, Dumilatre 1re, Virginie, Baptiste, Caroline, Dumilatre 2e.

PAGES DE LA REINE MARGUERITE.

Mesd. Courtois 1re, Courtois 3e, Lejoindre, Ronideau, Destré, Seris.

PAGES DU ROI CHARLES IX.

Mesd. Simonnet, Duménil 1re. Ligné, Angélina, Julia, Mauris.

ÉCUYERS DE LA REINE.

MM. Isambert, Saxoni et Carrez.

Soldats suisses de la garde du roi.

CINQUIÈME ACTE.

SEIGNEURS PROTESTANTS.

MM. Guérlau, Louis Petit, Lenfant, Isambert. Cornet, Bégrand , Ragaine, Célarius, Emile Petit, Charles Petit, Mignot, Saxoni, Carrez.

DAMES PROTESTANTES.

Mesd. Duc, Leclercq, Euphrasie, Coupotte, Delacquit, Saulnier 1re, Athalie, Duménil 2e, Pujol, Colson, Saulnier 2e.
Soldats. — Valets. — Les pages de Médicis. — Le peuple du 3e acte.

Les Huguenots.

ACTE PREMIER.

Le théâtre représente une salle du château du comte de Nevers; au fond de grandes croisées ouvertes laissent voir des jardins et une pelouse sur laquelle plusieurs jeunes seigneurs jouent au ballon; à droite, une porte qui donne dans les appartements intérieurs; à gauche, une croisée fermée par un rideau et qui est censée donner sur un oratoire; sur le devant du théâtre d'autres seigneurs jouent aux dés, au bilboquet, etc. Le comte de Nevers, Tavannes, de Cossé, de Retz, de Thoré, Méru et d'autres seigneurs catholiques les regardent et parlent entre eux.

SCÈNE Ire.

CHŒUR.

Des jours de la jeunesse
Et du temps qui nous presse
Dans une douce ivresse,
Hâtons-nous de jouir.

Aux jeux, à la folie,
Consacrons notre vie,
Et qu'ici tout s'oublie
Excepté le plaisir !

DE TAVANNES, s'adressant au comte de Nevers.
De ces lieux enchanteurs, châtelain respectable,
Mon cher Nevers, pourquoi ne pas nous mettre à table ?

DE NEVERS.
Nous attendons encore un convive.

TOUS.
Et lequel ?

DE NEVERS.
Un jeune gentilhomme, un nouveau camarade,
Qui dans nos lansquenets vient d'obtenir un grade
Par le crédit de l'amiral.

TOUS.
O ciel !

C'est donc un huguenot ?

DE NEVERS.
Eh ! oui ; mais je vous prie
De le traiter en frère, en ami : notre roi
Nous en donne l'exemple et nous en fait la loi ;
Avec les protestants il se réconcilie,
Coligny, Medicis ont juré devant Dieu
Une éternelle paix.

DE COSSÉ.
Qui durera bien peu !

DE NEVERS.
Que nous importe, à nous ?

CHŒUR.

Des jours de la jeunesse
Et du temps qui nous presse,
Dans une douce ivresse,
Hâtons-nous de jouir !

Aux jeux, à la folie,
Consacrons notre vie,
Et qu'ici tout s'oublie
Excepté le plaisir !

SCÈNE II.

LES PRÉCÉDENTS; RAOUL, paraissant à une des
allées du fond.

DE TAVANNES.

Eh! mais, de ce côté regardez, mes amis.

DE NEVERS.

C'est celui que j'attends, c'est Raoul de Nangis.

DE COSSÉ.

Quelle sombre pensée,

DE RETZ.

Ou quel ennui l'accable?

DE TAVANNES.

Des dogmes de Calvin effet inévitable!

DE COSSÉ.

Je veux m'en amuser,

DE NEVERS.

Et moi le convertir
Au culte des vrais dieux, l'amour et le plaisir.

RAOUL, s'avançant près du comte de Nevers, qu'il salue.

Sous ce beau ciel de la Touraine,
Parmi ce que la cour offre de plus brillant,
Pour moi, simple soldat, que l'on connaît à peine,
Quel honneur d'être admis!

DE COSSÉ, bas aux autres.

Il n'est pas mal, vraiment!

DE TAVANNES.

Oui, l'air gauche et gêné d'un noble de province!

DE THORÉ.

Mais nous le formerons; c'est à la cour du prince
Un service à lui rendre.

(Pendant ces différents à parlé, on a apporté une table magnifiquement servie.)

DE NEVERS.

A table, mes amis!

DE TAVANNES, bas aux autres.

Je veux, pour commencer, l'enivrer.

TOUS, de même.

Ah! j'en suis!

CHŒUR.

A table, amis, à table!
Bonheur de la table,
Bonheur véritable,
Plaisir seul durable,
Qui ne trompe pas!
Buveur intrépide,
Que Bacchus me guide,
Que lui seul préside
A ce gai repas!

De la Touraine
Versez les vins,
Le vin amène
Joyeux refrains,
Et dans l'ivresse
Noyons soudain
Et la sagesse
Et le chagrin!

DE NEVERS, gaiement.

Versez de nouveaux vins! versez avec largesses,
Allons, Raoul, buvons à nos maîtresses!
Rien qu'à votre air et tendre et langoureux,
Je gage que déjà vous êtes amoureux.

RAOUL, troublé.

Qui? moi?

DE NEVERS.

C'est permis à notre âge!
Mais sous ses chastes lois demain l'hymen m'engage;
Je l'ai promis; je renonce à l'amour;
Et depuis ce moment je ne saurais suffire
Aux nombreux désespoirs des dames de la cour.

DE COSSÉ.

C'est amusant! tu devrais nous les dire.

DE NEVERS.

Soit! mais, ainsi que moi, chacun de vous ici
Nous fera le récit de ses amours!

DE COSSÉ.

Eh oui!

DE TAVANNES.

Qui donc commencera!

DE NEVERS, montrant Raoul.

Notre nouvel ami!

TOUS.

C'est juste!... c'est à lui!

RAOUL.

Je le puis volontiers sans compromettre celle
Dont mon cœur est épris!

DE NEVERS.

Et d'abord quelle est-elle?

RAOUL.

Je n'en sais rien!

DE NEVERS, riant.

Son nom?...

RAOUL.

Je l'ignore.

NEVERS.

Vraiment!

Or écoutons : voici qui doit être piquant.

RAOUL.

RÉCITATIF.

Non loin des vieilles tours et des remparts d'Amboise,

Seul j'égarais mes pas, quand j'aperçois soudain
Une riche litière au détour du chemin ;
D'étudiants nombreux la troupe discourtoise
L'entourait, et leurs cris, leur air audacieux
Me laissaient deviner leur projet : — je m'élance...
Tout fuit à mon aspect. Timide — je m'avance,
Et quel spectacle alors vient s'offrir à mes yeux !

ROMANCE.

1ᵉʳ COUPLET.

Plus blanche que la blanche hermine,
Plus pure qu'un jour de printemps,
Un ange, une vierge divine,
De sa vue éblouit mes sens.
Vierge immortelle !
Qu'elle était belle !
Et malgré moi m'inclinant devant elle,
Je lui disais : Ô reine des amours,
Toujours, toujours,
Je t'aimerai toujours !

CHŒUR DES CONVIVES, riant.

Sa candeur est charmante !
Amant respectueux,
Il tremble et s'épouvante
Auprès de deux beaux yeux.
(Riant.)
Ah !... ah !... ah !... ah !... ah !...

RAOUL.

2ᵉ COUPLET.

Mon ivresse eut peu de durée,
Car soudain j'aperçus venir
Ses valets en riche livrée.
Adieu bonheur ! adieu plaisir !
Amant fidèle,
Flamme nouvelle
Me brûle encore, hélas ! quoique loin d'elle,
Et je me dis : ô reine des amours,
Toujours, toujours,
Je t'aimerai toujours !

CHŒUR DES CONVIVES, riant.

Sa constance est charmante ;
En esclave amoureux
De sa maîtresse absente
Il rêve les beaux yeux.
Ah !... ah !... ah !... ah !... ah !...

TOUS.

Buvons, buvons ! A son tendre martyre,
A ses amours il faut boire ; il faut rire !
Bonheur de la table,
Bonheur véritable,
Plaisir seul durable,

Qui ne trompe pas !
Buveur intrépide,
Que Bacchus me guide,
Que lui seul préside
A ce gai repas !

SCÈNE III.

Les MÊMES, toujours à table ; MARCEL, paraissant
à la porte du fond.

DE COSSÉ.

Quelle étrange figure ici vois-je apparaître ?

RAOUL.

C'est un vieux serviteur, messieurs, il m'a vu naître.

MARCEL, s'adressant à un des convives.

Sir Raoul de Nangis ?
(On le lui montre.)
En croirai-je mes yeux !
Près de nos ennemis ! et buvant avec eux !
(S'approchant de Raoul et à voix basse.)
O mon maître !... mon maître !
Dieu nous dit : « De l'impie évite le festin ! »

TOUS, riant.

C'est un saint d'Israël !

MARCEL.

Dans le camp philistin !

RAOUL.

Pardon, messieurs, entre un glaive et la Bible
Mon aïeul l'éleva, ne jurant que Luther,
Dans l'horreur de l'amour, du pape et de l'enfer ;
Cœur fidèle, mais inflexible,
Diamant brut incrusté dans du fer !
(A Marcel qui veut parler.)
Viens !... sers-nous et tais-toi !...
(Plus sévèrement.)
Tais-toi !... s'il est possible !

MARCEL, se retirant à gauche à l'écart.

Moi ! j'obéis !...
(A part.)
A peine, hélas ! m'entendrait-il !
(Le regardant de loin.)
Comment, sans lui parler, l'arracher au péril ?

DE NEVERS à la table.

Amis buvons à nos maîtresses,
Buvons à leurs vives tendresses.

MARCEL, à part.

Pour le sauver, viens ! ô divin Luther,
Mêler ta voix tonnante à ces chants de l'enfer.
(A gauche, à haute voix et priant.)

8 LES HUGUENOTS.

CORAL *.

Seigneur! rempart et seul soutien
Du faible qui t'adore,
Jamais dans ses maux un chrétien
Vainement ne t'implore!

(RAOUL, qui tenait son verre levé, s'arrête et pose son verre
sur la table.)

DE NEVERS, à Raoul.

Eh bien, buvez-vous?...

RAOUL.

Non!

DE NEVERS, montrant Marcel en riant.

Quelle est, mon cher Raoul, cette sombre chanson?

RAOUL.

Un cantique pieux, dont notre foi s'honore!
C'est celui que Luther fit pour nous protéger;
Nos frères le chantaient au moment du danger!

MARCEL, continuant le cantique.

L'éternel tentateur
S'arme aujourd'hui, Seigneur,
De ruse et de fureur.
Viens nous sauver encore!

DE COSSÉ, se levant et regardant Marcel attentivement.

Bravo!... plus je le vois, plus son air me rappelle
Un soldat qui naguère aux murs de La Rochelle...

MARCEL.

Vous me reconnaissez?

DE COSSÉ.

Oui, vrai Dieu, je le croi!
Cette large blessure...

MARCEL, avec fierté.

Elle venait de moi!

RAOUL.

O ciel!

DE COSSÉ, riant.

C'était de bonne guerre!
Pour te le prouver... tiens... vide avec moi ce verre!

MARCEL, refusant.

Je ne bois pas!...

DE COSSÉ, riant.

Avec un soldat de l'enfer.

RAOUL.

Excusez-le, messieurs!

DE NEVERS.

S'il ne boit pas, qu'il chante!

RAOUL, voulant s'y opposer.

Eh, mais!...

* Le chant de ce coral est le même que celui composé par
Luther, et que la tradition a conservé en Allemagne.

TOUS.

Il faut que son maître y consente!
Il le faut!

MARCEL, passant au milieu d'eux.

Volontiers! je vais vous dire un air...
Que nous chantions au bruit des tambours, des cym-
[bales,
Accompagné du pif, paf, pif, des balles!

AIR HUGUENOT.

1er COUPLET.

A bas les couvents maudits,
Les moines à terre!
A bas leurs riches habits!
Au feu leur bréviaire!
Au feu! leurs splendides murs,
Repaires impurs!
Les papistes! terrassons-les,
Frappons-les,
Qu'ils pleurent!
Qu'ils meurent!
Mais grâce... jamais!

2e COUPLET.

Jamais mon bras ne trembla
Aux plaintes des femmes!
Malheur à ces Dalila
Qui perdent les âmes!
Brisons au tranchant du fer
Ces piéges d'enfer!
Ces beaux démons, chassez-les
Frappez-les?
Qu'ils pleurent!
Qu'ils meurent!
Mais grâce... jamais!

SCÈNE IV.

(LES PRÉCÉDENTS; un valet du comte de Nevers paraît au
fond du théâtre, conduisant une femme voilée; elle disparaît
dans les jardins; et le valet redescendant la scène, s'adresse
à son maître.)

LE VALET.

Au maître de ces lieux, au comte de Nevers
On demande à parler!

DE NEVERS, assis et sans se déranger.

Fût-ce le roi lui-même,
Je n'y suis pas!... je ris du Dieu de l'univers
Lorsqu'à table je bois!...

MARCEL, à part.

Ah! l'impie! il blasphème!

LE VALET, à demi-voix au comte de Nevers.

Mais c'est une jeune beauté !

DE NEVERS, sans se déranger et souriant.

Une femme, dis-tu ?

(Nonchalamment.)

Vraiment l'on ne peut croire
A quel point chaque jour je suis persécuté !

LE VALET.

Elle est là dans votre oratoire !

DE NEVERS, de même.

Qu'elle attende !

TAVANNES et COSSÉ, se levant.

Non pas ! en galants chevaliers,
Et pour te remplacer, j'y cours !

DE NEVERS, sans se déranger.

Très-volontiers !
Un instant cependant !...

(Au valet.)

Léonard, laquelle est-ce :
La marquise d'Entrague ou la jeune comtesse ?

LE VALET.

Oh ! non, monsieur !

DE NEVERS.

C'est donc madame de Raincy ?

LE VALET.

Non, monsieur ! et jamais je ne l'ai vue ici !

DE NEVERS, se levant.

Une conquête nouvelle !
Vrai Dieu ! c'est différent !.. et je cours auprès d'elle
Au moins par curiosité.

(A ses convives.)

Daignez, Messieurs, m'excuser, je vous prie ;
Et, fidèles à la gaîté,
Continuez sans moi cette joyeuse orgie,
Que l'amour a troublée et, si j'en puis juger
Que l'amitié bientôt reviendra partager.

(Il sort par le fond avec le valet. Tous les convives le suivent
quelques pas, puis redescendent le théâtre, se regardent entre
eux et commencent à demi-voix le chœur suivant.)

SCÈNE V.

LES MÊMES, excepté DE NEVERS.

CHŒUR.

TOUS LES CONVIVES.

L'aventure est singulière ;
Tout lui cède, et sûr de plaire
Son destin est des plus beaux.
Du silence ! Il faut nous taire !

Mais de ce galant mystère
Que ne suis-je le héros !

MARCEL.

Dieu puissant ! que je révère,
Pourrais-tu voir sans colère
De semblables attentats ?
De cette jeunesse impie
Voilà donc quelle est la vie !
Et ton bras ne tonne pas !

DE TAVANNES.

Mais quelle est donc cette belle !

DE COSSÉ.

Je voudrais bien le savoir !

DE RETZ.

Ne peut-on s'approcher d'elle ?

THORÉ.

Ne peut-on l'apercevoir ?

DE TAVANNES.

J'en sais un moyen peut-être,
Et qui n'offre aucun danger ;

(Montrant à gauche.)

Vous voyez cette fenêtre
Que ferme un rideau léger :
Par là, sur son oratoire
On a vue.

TOUS, voulant y courir.

Ah ! quel bonheur !

DE TAVANNES, les retenant.

Du projet je suis l'auteur ;
Et j'en dois avoir la gloire !

(Il court près de la croisée et tire le rideau.)

Eh ! bien donc ?

DE TAVANNES.

Je l'aperçoi.

TOUS.

Est-elle bien ?

DE TAVANNES.

Elle est charmante.

DE COSSÉ, prenant sa place.

C'est à mon tour.

DE RETZ ET LES AUTRES, s'approchant.

Ah ! je la voi !

DE THORÉ.

Attraits divins !

MÉRU.

Taille élégante !

TAVANNES.

La connais-tu ?

MÉRU.

Non pas !

DE RETZ.

Ni moi !

TOUS.

Ni moi, ni moi, ni moi !
Mais que de charmes, de jeunesse !
Et que de Nevers est heureux
D'avoir une telle maîtresse !

TAVANNES, à Raoul.

Eh! quoi, vous seul n'êtes pas curieux !
Craignez-vous donc qu'un tel aspect ne blesse
D'un chaste huguenot le cœur religieux ?

RAOUL, souriant et se dirigeant vers la fenêtre.

Vous nous jugez trop bien, et la preuve...

(Regardant.)

Ah! grands Dieux !

TOUS.

Qu'a-t-il donc ?

RAOUL, vivement à Marcel.

Cette fille, et si jeune et si belle,
Que mon bras a sauvée et dont je leur parlais...

MARCEL.

Eh! bien donc, achevez !

RAOUL.

C'est elle !
C'est elle ! je la reconnais !

TOUS, entre eux et souriant. Reprise du premier chœur.

L'aventure est plus piquante ;
La rencontre est amusante ;
Voilà celle qu'il aimait !
Pauvre amant ! Dans son ivresse,
Il croyait à sa sagesse,
Dont un autre a le secret.

MARCEL.

Dieu puissant ! que je révère,
Pourrais-tu voir sans colère
De semblables attentats?
Le perfide ! la traîtresse !
Se jouant de sa tendresse,
Et ton bras ne tonne pas !

RAOUL.

D'une injure aussi sanglante
La douleur est accablante ;
C'est oser trop m'outrager !
La perfide ! oui je l'ai vue,
Pour un autre elle est venue ;
Le mépris doit m'en venger !

TOUS, s'approchant de Raoul et riant.

Quelle folie !
Femme jolie
Ici t'oublie !
Point de courroux !
Lorsque les belles
Sont infidèles,

Faisons comme elles,
Consolons-nous !

TAVANNES, DE RETZ et DE COSSÉ.

Point de tristesse,
Q'une maîtresse,
Moi, me délaisse,
Eh bien ! tant mieux !
Sans plainte aucune,
Si la fortune
Nous en prend une,
Prenons-en deux !

TOUS.

Par la folie
Que notre vie
Soit embellie !
Point de courroux!
Lorsque les belles
Sont infidèles,
Faisons comme elles !
Consolons-nous !

TOUS.

Je les entends !

RAOUL.

C'est elle !
Je veux la voir, lui dire à quel point je la hais...

TOUS, le retenant.

A l'hospitalité fidèle,
Du maître du château respectez les secrets.

SCÈNE VI.

LES PRÉCÉDENTS, différemment groupés et se retirant à l'écart sur les deux côtés du théâtre.

(On voit au fond, dans les jardins, passer le comte de Nevers tenant par la main une dame voilée qu'il salue respectueusement et qui s'éloigne.

DE NEVERS, entrant sur le théâtre en rêvant et sans apercevoir les autres convives, qui se retirent derrière lui à mesure qu'il avance.

Il faut rompre l'hymen qui pour moi s'apprêtait !...
A sa fille d'honneur la reine Marguerite
A conseillé cette étrange visite !...
Et c'est ma fiancée... ici même... en secret,
Qui vient me supplier de rompre un mariage
Auquel l'ordre d'un père et l'oblige et l'engage !
Chevalier généreux, j'en ai fait le serment ;
Mais de dépit... au fond du cœur j'enrage !...

(Pendant cet a parte tous les convives se sont approchés doucement de Nevers, qu'ils entourent et qu'ils saluent en riant.)

CHŒUR. (A de Nevers, qu'il salue.)

Honneur au conquérant
Dont le tendre ascendant,
Dont le pouvoir galant

ENSEMBLE.

Soumet toutes les belles !
Il règne en tous les cœurs,
Et pour lui, sans rigueurs,
L'amour n'a que des fleurs
Et des palmes nouvelles !

DE NEVERS, à part.

Leurs compliments arrivent bien ;
De mon dépit tâchons qu'on n'aperçoive rien !
(Haut.)
Je n'ai pas, mes amis, mérité tant de gloire,
Et mon bonheur n'est pas si grand qu'on pourrait
[croire.

RAOUL et MARCEL.

A leur air insolent,
Moi seul en ce moment
Je dois pour châtiment
Une leçon nouvelle.
Oui, ce discours railleur
Excite ma fureur.
(Aux convives.)
Et c'est à votre honneur
Que mon bras en appelle !

TOUS, s'adressant à Raoul.

Honneur au conquérant
Dont le pouvoir galant,
Dont le tendre ascendant
Soumet toutes les belles.
Il règne en tous les cœurs,
Et pour lui sans rigueurs
L'amour n'a que des fleurs
Et des palmes nouvelles !

SCÈNE VII.

LES PRÉCÉDENTS; URBAIN, paraissant au fond du
théâtre.

DE NEVERS.

Eh ! mais, que veut ce gentil cavalier ?
En ce château que cherchez-vous, beau page ?

URBAIN.

Salut beau chevalier !

CAVATINE.

Une dame noble et sage
Et dont les rois seraient jaloux,
M'a chargé de ce message
Pour l'un de vous :
Sans qu'on la nomme,
Honneur ici
Au gentilhomme
Qu'elle a choisi !

L'on peut m'en croire,
Oui, nul seigneur
N'eut tant de gloire
Ni de bonheur !

DE NEVERS, nonchalamment.

Trop de mérite aussi quelquefois importune ;
Mais puisque enfin, mes chers amis,
On ne peut se soustraire aux coups de la fortune,
(A Urbain, tendant la main.)
Donne donc !

URBAIN.

Seriez-vous sir Raoul de Nangis ?

DE NEVERS.

Que dis-tu ?

URBAIN.

C'est à lui que ce billet s'adresse.

TOUS.

Ah ! grands dieux !

MARCEL, avec fierté.

C'est mon maître ; il est là ; le voici !

RAOUL.

Qui ? moi ? c'est une erreur : je ne connais ici
Personne dont le cœur à mon sort s'intéresse.

URBAIN, souriant.

C'est pour vous, cependant.

RAOUL, lisant après avoir rompu le cachet,
« Vers le milieu du jour,
« On viendra vous chercher en ce riant séjour ;
« Alors, les yeux voilés, discret et sans rien dire,
« Obéissez et laissez-vous conduire.
« Raoul, l'oserez-vous ? » Allons, à mes dépens
Je vois que l'on veut rire.
Il en peut coûter cher.... eh bien ! soit... j'y consens.
A Nevers, lui donnant le billet.
Lisez vous-même !
(Ils se rassemblent tous en groupe.)

DE NEVERS, jetant les yeux sur la lettre et la passant à
Tavannes.

Ah ! grands dieux !

TAVANNES, de même la passant à de Retz.

O surprise !

DE RETZ, de même la passant à de Cossé.

Son cachet !

DE COSSÉ, de même la passant à Thoré.

Sa devise !

THORÉ, de même la passant à Meru.

Est-il vrai ?

MERU.

C'est sa main !

TOUS, regardant Raoul.

Son bonheur est certain.

DE TAVANNES, bas aux autres.

Oui, c'est bien la sœur de nos rois,
C'est Marguerite de Valois,
Qui le distingue et le préfère.

DE NEVERS, bas.

Mais il ignore son bonheur,
Et prudemment, sur mon honneur,
Taisons-nous sur un tel mystère!
(Passant près de Raoul et lui prenant la main.)
Vous savez si je suis un ami sûr et tendre!

DE TAVANNES, de même,

S'il fallait vous servir...

DE COSSÉ.

S'il fallait vous défendre...

DE RETZ.

De nous et de nos bras vous pouvez tout attendre.

DE NEVERS ET LES AUTRES.

Vous ne l'oublierez pas, vous me l'avez promis!

RAOUL ET MARCEL, tout étonné.

Eh! mais, quel changement! je n'y puis rien com-
[prendre.

DE NEVERS ET TAVANNES.

A nous, à votre tour, plus tard vous penserez.

RAOUL.

Et que puis-je? grands Dieux!

DE NEVERS et TAVANNES, mystérieusement.

Tout ce que vous voudrez!

URBAIN, DE NEVERS, TAVANNES, COSSÉ, DE RETZ
ET THORÉ.

Les plaisirs, les honneurs, l'opulence,
De vos vœux combleront l'espérance.
De l'audace! et toujours la puissance
Est de droit à qui sait la saisir.

RAOUL, avec étonnement et à demi-voix.

Les plaisirs, les honneurs, l'opulence,
De mes vœux combleront l'espérance!
Sur mon sort d'où vient donc leur science?
En honneur, je n'en puis revenir!

MARCEL, à demi-voix.

Quoi! pour lui les honneurs, la puissance,
Combleraient enfin mon espérance?
De leur ton voyez la différence!
En honneur, je n'en puis revenir!

TOUS.

Ah! pour vous quelle gloire nouvelle!
Dans ce jour la beauté vous appelle;
Le bonheur est de vivre pour elle,
Et pour elle il est beau de mourir!

(Des hommes masqués paraissent au fond du théâtre. Un des
hommes montre à Raoul un bandeau qu'il tient à la main.
Marcel veut en vain retenir son maître, que le jeune page
entraîne. La toile tombe.)

FIN DU PREMIER ACTE.

ACTE DEUXIÈME.

Le théâtre représente le château et les jardins de Chenonceaux, à trois lieues d'Amboise. Le château de Chenonceaux est bâti sur un pont (en perspective). Le fleuve serpente en lignes courbes jusque sur le milieu du théâtre,
disparaissant de temps en temps derrière des touffes d'arbres verts. A droite, un large escalier en pierre par lequel
on descend du château dans les jardins.

Au lever du rideau, Marguerite est entourée de ses femmes; elle vient d'achever sa toilette, et Urbain, son page, à
genoux devant elle, tient encore le miroir dans lequel elle vient de se regarder.

SCÈNE Ire.

MARGUERITE, URBAIN, DEMOISELLES D'HON-
NEUR.

MARGUERITE.

AIR.

O beau pays de la Touraine !
Riants jardins, verte fontaine ,
Ruisseau qui murmures à peine, ,
Que sur tes bords j'aime à rêver !
Belles forêts, sombre feuillage ,
Cachez-moi bien sous votre ombrage,
Et que la foudre ou que l'orage
Jusqu'à moi ne puisse arriver !
Que Luther ou Calvin ensanglantent la terre
De leurs débats religieux !
Des ministres du ciel que la morale austère
Nous épouvante au nom des cieux !
   Raison austère ,
   Humeur sévère,
   Ne règnent guère
   Dans notre cour !
   Sous mon empire
   On ne respire
   Que pour sourire
   Au dieu d'Amour.

CHŒUR.

   Sombre folie,
   Ou pruderie,
   Soyez bannie
   De ce séjour !
   Sous son empire,
   On ne respire
   Que pour sourire
   Au dieu d'Amour !

MARGUERITE.

Oui, je veux chaque jour
Aux échos d'alentour
Redire nos refrains d'amour :
Écoutez... écoutez... les échos d'alentour,
Ont appris nos refrains d'amour.

(L'orchestre imite l'écho dont Marguerite répète les sons.)

Amour !... amour !...
Oui, déjà la fauvette
Dans les airs le répète,
Et des tendres ramiers les sons mélodieux
Se perdent en mourant sur les flots amoureux !
   Sombre folie,
   Ou pruderie,
   Soyez bannie
   De notre cour.
   Sous notre empire ,

On ne respire
Que pour sourire
Au dieu d'amour.
A ce mot seul s'anime et renaît la nature,
Les oiseaux l'ont redit sous l'épaisse verdure ;
Le ruisseau le répète avec un doux murmure ;
Les ondes, la terre et les cieux
Redisent nos chants amoureux !

URBAIN, à part, la regardant et soupirant.

Que notre reine est belle, hélas ! et quel dommage !

MARGUERITE.

Eh ! de quoi te plains-tu ?

URBAIN.

D'en'être rien — qu'un page !
Page discret, et fidèle, et soumis !

MARGUERITE, souriant et montrant ses demoiselles
d'honneur.

De ces dames pourtant ce n'est pas là l'avis !

URBAIN, vivement.

Ah ! madame.

MARGUERITE, s'asseyant nonchalamment.

Tais-toi ! — La journée est brûlante,
Et du soleil d'août la chaleur accablante.

(A ses femmes.)

Sous ce riant feuillage, et dans le sein des eaux
Dont le Cher embellit les bords de Chenonceaux,
Nous irons, quand du jour s'amortira l'ardeur,
D'un bain délicieux savourer la fraîcheur.
Allez, disposez tout.

(Les femmes sortent toutes par la gauche, et au haut du grand
escalier, à droite, on voit paraître Valentine.)

MARGUERITE, à Urbain.

Qui vient là, je vous prie ?

URBAIN.

De vos demoiselles d'honneur
La plus jeune et la plus jolie.

MARGUERITE.

C'est Valentine !

SCÈNE II.

LES PRÉCÉDENTS, VALENTINE.

MARGUERITE.

Approche sans frayeur.

URBAIN.

A la cour arrivée à peine,
Déjà de notre souveraine
Elle est la favorite !

MARGUERITE.

Oui, je l'ai vu gémir,
Et les pleurs ont toujours le don de m'attendrir.

URBAIN, à part.

Ah !... je ne rirai plus.

MARGUERITE, à Valentine.

Ma fille, allons, courage !
Dis-moi le résultat de ton hardi voyage.

VALENTINE.

Le comte de Nevers sur l'honneur a promis
De refuser ma main !

MARGUERITE.

Alors tout est facile,
Et je te réponds, moi..., sans être bien habile,
Qu'un autre hymen bientôt...

VALENTINE, troublée.

O ciel !

MARGUERITE, souriant.

Quoi ! tu rougis ?

(Valentine baisse les yeux.)

Ah ! tu l'aimes donc bien !... et pourquoi t'en défendre ?
Mérite-t-il du moins un intérêt si tendre ?
Mon beau page, toi qui l'as vu,
Réponds pour elle, qu'en dis-tu ?

URBAIN.

Autant que chevalier de France,
Il a l'air noble et généreux.

MARGUERITE.

L'un pour l'autre le ciel vous a faits tous les deux.

VALENTINE.

Non, madame, le ciel proscrit cette alliance,
Nos cultes sont différents.

MARGUERITE.

Oh ! l'amour ne connaît ni les dieux ni les rangs ;

URBAIN, regardant Marguerite.

Quoi ! l'amour ne connaît ni les dieux ni les rangs ?

MARGUERITE.

Et pour moi catholique... un hymen se prépare,
(C'est un secret)... avec Henri, roi de Navarre,
Un des chefs protestants,

URBAIN, avec douleur.

Oh ciel ! pour vous, madame, un hymen se prépare !

MARGUERITE, le regardant.

Qu'avez-vous donc ?

URBAIN, soupirant.

Moi ? rien.

MARGUERITE, avec intérêt.

Pauvre Urbain !

(A Valentine.)

Et j'entends
Que votre hymen se fasse en même temps.

VALENTINE.

Oh ! c'est impossible... et mon père ?

MARGUERITE.

Je l'ai vu! je dois croire à ses nobles serments.

VALENTINE, timidement.

Oui. — Mais Raoul ?

MARGUERITE.

Eh! bien ma chère,

Il va venir !

VALENTINE, effrayée.

O ciel! jamais je n'oserai!...

MARGUERITE, souriant.

Vraiment... jamais ?

(Gaîment.)

Alors c'est moi qui le verrai.

SCÈNE III.

LES PRÉCÉDENTS ; LES DEMOISELLES D'HON-
NEUR qui reviennent.

UNE DAME D'HONNEUR.

Venez sous ces épais ombrages,
Chercher un doux abri contre un soleil brûlant.
Le fleuve fortuné qui baigne ces rivages
Vous offre de ses eaux le rempart transparent.

CHŒUR.

Jeunes beautés, sous ce feuillage,
Qui vous présente un doux ombrage,
Bravez le jour et la chaleur.
Voyez ce ruisseau qui murmure,
Et dans le sein d'une onde pure
Cherchez le calme et la fraîcheur.

MARGUERITE, remerciant les femmes empressées autour
d'elle.

C'est bien, c'est bien, et de vos soins fidèles...

(Se retournant et apercevant Urbain qui est pensif et immobile
devant elle.)

Eh! que faites-vous là, maître Urbain ?

URBAIN.

J'attendais

Les ordres de madame.

MARGUERITE,

Et moi qui l'oubliais !...

Je le confondais presque avec ces demoiselles.
Sortez, beau page, et sur-le-champ.

URBAIN.

Quel ennui de sortir en un pareil moment !

(Il sort en retournant plusieurs fois la tête.)

CHŒUR.

Jeunes beautés, sous ce feuillage
Qui vous offre un discret ombrage,
Bravez le jour et la chaleur.

Voyez ce ruisseau qui murmure,
Et dans le sein d'une onde pure.
Cherchez le calme et la fraîcheur.

(Pendant ce chœur, toutes les jeunes filles s'occupent de leur
toilette de bain. Plusieurs qui sont déjà prêtes paraissent en
peignoirs de gaze, et avant de se plonger dans l'eau, dansent,
jouent, courent les unes après les autres et forment différents
groupes. — Divertissement que la reine contemple en souriant, nonchalamment étendue sur un banc de verdure. —
D'autres jeunes filles ont disparu derrière les touffes d'arbres
du fond, et on les voit un instant après se baigner dans le
Cher, qui forme sur le théâtre différentes sinuosités.)

CHŒUR ET AIR DE BALLET.

Jeunes beautés, sous ce feuillage,
Qui vous offre un discret ombrage,
Bravez le jour et la chaleur.
etc..., etc....

(En ce moment, Urbain paraît au milieu des groupes que forment
les jeunes filles.)

MARGUERITE, l'apercevant.

Encore! et quelle audace! Urbain !...

URBAIN, timidement,

Ce n'est pas moi ;

(Entrant.)

C'est un beau chevalier que vers vous on amène.

(Valentine et toutes les jeunes filles effrayées se groupent en
désordre auprès de la reine.)

Un chevalier !

URBAIN,

Mais calmez votre effroi :
Docile aux ordres de la reine,
Un voile épais couvre ses yeux.

MARGUERITE, bas à Valentine.

C'est Raoul de Nangis.

URBAIN.

Héros mystérieux,
Qui ne sait pas encore en quel piége on l'entraîne.

MARGUERITE.

A merveille,... c'est lui,... tout sourit à mes vœux.

VALENTINE.

Ah! fuyons ses regards !

MARGUERITE, la retenant.

Non,... reste!... je le veux !

SCÈNE IV.

LES PRÉCÉDENTS ; RAOUL, que l'on amène avec
un bandeau sur les yeux et qui descend du grand
escalier à droite.

Toutes les jeunes filles le montrent du doigt ou viennent doucement et sur la pointe des pieds le regarder, et s'enfuient ;
d'autres s'approchent et l'entourent.

CHŒUR, à demi-voix.

voici ! du silence !

En tremblant il s'avance,
Et peut-être il a peur.
C'est charmant! quel bonheur!
Sous ce voile léger
S'il savait quel danger
Le menace en ces lieux,
Il serait trop heureux.
Mais la foi du serment
Contre lui nous défend,
Et gaîment nous soustrait
A son œil indiscret.

URBAIN, pendant ce temps regardant non pas Raoul, mais la reine et le groupe des jeunes filles.

Grace à lui, l'on m'oublie, et je puis en ces lieux

!(Montrant les jeunes filles.)

Contempler les dangers qu'on dérobe à ses yeux.

MARGUERITE, montrant Raoul et faisant signe à tout le monde de s'éloigner.

Il faut que je lui parle;... allez, et laissez-nous.

URBAIN, regardant Raoul.

Ah! d'un pareil destin qui ne serait jaloux?

CHŒUR.

Oui, partons en silence;
Son cœur tremble d'avance,
Et peut-être il a peur.
C'est charmant! quel bonheur!
Sous ce voile léger
S'il savait quel danger
Le menace en ces lieux,
Il serait trop heureux!
Mais la foi du serment

(Montrant Marguerite.)

Contre lui la défend,
Et gaîment la soustrait
A son œil indiscret.

(Tout le monde sort.)

SCÈNE V.

MARGUERITE, RAOUL, ayant toujours un bandeau sur les yeux.

MARGUERITE.

Pareille loyauté mérite récompense.
Nous sommes seuls, beau chevalier,
Et je veux bien, dans ma clémence,
De vos serments vous délier.
Otez ce voile!

RAOUL, arrachant le bandeau et regardant autour de lui.

O ciel! où suis-je?
De mes yeux éblouis n'est-ce pas un prestige?

DUO.

Beauté divine, enchanteresse,
O vous qui régnez en ces lieux,
Répondez, mortelle ou déesse,
Suis-je sur terre ou dans les cieux?

MARGUERITE, le regardant.

Ah! de l'objet de sa tendresse
Je conçois le trouble amoureux.
Il est fort bien; reine ou princesse
En aucun temps n'eût choisi mieux.

RAOUL.

Ah! je ne sais, à votre vue,
Quel charme subjugue mon cœur.

MARGUERITE, à part.

Vraiment! — et sans être connue,
Pour une reine c'est flatteur!

RAOUL, s'animant.

D'un chevalier fidèle acceptez le servage?

MARGUERITE, souriant.

De son obéissance il me faudrait un gage.

RAOUL.

Ah! je le jure à vos genoux,
A vos ordres soumis, parlez, je suis à vous;
Vos vœux, je les remplirai tous.

MARGUERITE, s'arrêtant et le regardant en hésitant un peu.

Ah!... Ah!...

(A part.)

Si j'étais coquette,
Pareille conquête
Serait bientôt faite;
Mais, non!... et je doi,
Alors que sa belle
Compte sur mon zèle,
Lui plaire pour elle
Et non pas pour moi!

RAOUL.

Oui, cette conquête
Va par sa défaite
Punir la coquette
Qui trahit ma foi.
Une ardeur nouvelle
M'enflamme pour elle,
Et mon cœur fidèle
Vivra sous sa loi.

RAOUL, avec chaleur.

A vous et ma vie et mon ame!
A vous mon épée et mon bras!
Pour son dieu, l'honneur et sa dame,
Heureux qui brave le trépas!

MARGUERITE.

J'aime cette ardeur qui l'enflamme ;
Mais calmez-vous, car mes seuls vœux
Sont ici de vous rendre heureux.

RAOUL, étonné.

Que dites-vous ?

MARGUERITE.

Tels sont mes ordres rigoureux ;
Mais il faut m'obéir.

RAOUL.

Je le jure, madame.

MARGUERITE, avec satisfaction.

C'est bien, c'est tout ce que je veux.

(A part, le regardant avec un léger soupir.)

Ah !...
Si j'étais coquette,
Pareille conquête
Serait bientôt faite ;
Mais, non !... et je doi,
Alors que sa belle
Compte sur mon zèle,
Lui plaire pour elle,
Et non pas pour moi !

RAOUL.

Oui, cette conquête
Va par sa défaite
Punir la coquette
Qui trahit ma foi.
Une ardeur nouvelle
M'enflamme pour elle,
Et mon cœur fidèle
Vivra sous sa loi.

SCÈNE VI.

LES PRÉCÉDENTS ; URBAIN.

URBAIN.

Madame !

MARGUERITE, avec impatience.

Allons ! il est dit que ce page
Doit aujourd'hui toujours me déranger.

URBAIN.

Pardon !
Les seigneurs du pays, par vos ordres, dit-on,
Appelés en ces lieux, viennent pour rendre hommage
A votre majesté.

RAOUL, étonné et s'éloignant de Marguerite avec effroi et respect.

Ciel !

MARGUERITE, se rapprochant de lui, lui dit avec douceur.

C'est la vérité !
(Regardant en riant son air interdit.)
Eh bien ! qu'est devenue une ardeur aussi belle ?
Songez à vos serments... ce mot de majesté
Vous a-t-il dispensé déjà d'être fidèle ?

RAOUL.

Jamais !

MARGUERITE.

Vous promettez de m'obéir... eh bien !
Je veux former pour vous un illustre lien.
De ma mère et du roi les desseins politiques
Veulent aux protestants unir les catholiques.
Et je sers leurs efforts en vous donnant ici
Une riche héritière, aimable, et seule fille
Du comte de Saint-Bris, votre ancien ennemi.
Je l'ai fait pressentir ; il consent, et c'est lui
Qui veut bien, oubliant ses haines de famille,
Venir à vous.

RAOUL.

Qui ? lui ?

MARGUERITE, avec dignité.

Songez à votre tour
Que j'ai votre serment, et l'ordre que je donne...

RAOUL, s'inclinant.

J'obéirai.

MARGUERITE.

C'est bien. A ce prix à ma cour
Je vous attache ainsi qu'à ma personne.

RAOUL, baisant sa main qu'elle lui présente.

C'est trop de bontés !

URBAIN, soupirant.

Oui, trop bonne, je le voi,
Pour tout le monde, hormis pour moi.

SCÈNE VII.

LES PRÉCÉDENTS ; Seigneurs et dames, le comte de
SAINT-BRIS, le comte de NEVERS, quelques
seigneurs protestants, THÉLIGNY, DAM-
VILLE, DE GUERCHY, et les demoiselles
d'honneur de la reine.

CHŒUR, saluant Marguerite.

Honneur à la plus belle !
Quand elle nous appelle,
Hâtons-nous d'accourir !

Sa voix s'est fait entendre;
Et près d'elle se rendre,
C'est voler au plaisir.

MARGUERITE, montrant Raoul et s'adressant à tous les seigneurs.

Oui, d'un heureux hymen préparé par mes soins
J'ai désiré, messieurs, que vous fussiez témoins.

(Pendant la reprise du chœur suivant, elle présente Raoul aux comtes de Saint-Bris et de Nevers; ceux-ci, les yeux fixés sur la reine, lui font bon accueil et lui tendent la main.)

CHŒUR.

Honneur à la plus belle !
Quand elle nous appelle,
Hâtons-nous d'accourir !
Sa voix s'est fait entendre ;
Et près d'elle se rendre,
C'est voler au plaisir.

(A la fin du chœur, entre Marcel, qui parle bas à l'oreille de Raoul.)

MARCEL.

Ah ! qu'est-ce que j'apprends ! vous avez recherché
La main d'une Madianite ?

RAOUL.

Tais-toi !...

MARCEL.

Dans ses jardins le serpent d'Ève habite,
Et sa maison est celle du péché...

(Raoul l'interrompt et lui fait signe de se taire.)

(Un valet en courrier et aux livrées de la cour a remis à Marguerite plusieurs papiers qu'elle lit. — Puis elle s'approche de Saint-Bris et de Nevers, et leur montrant un ordre qu'elle leur donne.)

MARGUERITE, à Saint-Bris et de Nevers.

Mon frère Charles Neuf, qui connaît votre zèle,
Tous les deux à Paris dès ce soir vous rappelle
Pour un vaste projet que j'ignore.

DE NEVERS ET SAINT-BRIS,

A sa loi
Nous nous soumettons.

MARGUERITE.

Oui ! mais d'abord à la mienne
Il vous faut obéir, et je veux devant moi
Que, grâce à cet hymen, abjurant toute haine,
Vous prononciez tous trois, comme au pied des autels,
D'une éternelle paix les serments solennels.

RAOUL, SAINT-BRIS, NEVERS, étendant la main.

Par l'honneur, par le nom que portaient mes ancêtres,
Par le roi, par ce fer à mon bras confié,
Par le Dieu qui connaît, et qui punit les traîtres,
Devant vous nous jurons éternelle amitié.

RAOUL.

Si l'un de nous ose y porter atteinte...

SAINT-BRIS.

Que le poignard venge sa trahison !

NEVERS.

Oui, de son sang que la terre soit teinte !

SAINT-BRIS.

Qu'il n'ait de nous ni trève, ni pardon !

LE CHŒUR répète.

Par l'honneur, par le nom que portaient mes ancêtres,
etc., etc.

MARGUERITE, gaiement à Raoul.

Et maintenant à votre vue
Je dois offrir
Votre charmante prétendue,
Qui rendra vos serments faciles à tenir.

(Elle fait signe à quelques demoiselles d'honneur qui sortent.)

SCÈNE VIII.

LES PRÉCÉDENTS ; VALENTINE, couverte d'un voile blanc et amenée par plusieurs demoiselles d'honneur.

MARGUERITE.

Votre compagne, la voilà ;
Et des mains de son père, ici, recevez-la.

(Saint-Bris a pris la main de Valentine, et l'amène à Raoul, qui la regarde.)

RAOUL.

Ah, grands dieux! qu'ai-je vu ?

MARGUERITE.

Qu'avez-vous ?

RAOUL.

Quoi ! c'est elle
Que m'offraient en ce jour....

MARGUERITE.

Et l'hymen et l'amour.

RAOUL.

Quoi ! c'est là, dites-vous, ma compagne fidèle !
Trahison ! perfidie !

TOUS.

Ah, grands dieux ! quel transport !

RAOUL.

Moi, son époux ?.... jamais !

MARGUERITE ET VALENTINE.

O ciel !

RAOUL.

Plutôt la mort !

SAINT-BRIS ET DE NEVERS.

Ah ! je tremble et frémis et de honte et de rage ;
C'est à moi d'immoler l'ennemi qui m'outrage ;
C'est son sang qu'il me faut en ma juste fureur,
Pour punir son affront et venger mon honneur.

VALENTINE.

Et comment ai-je donc mérité cet outrage ?
Dans mon cœur éperdu s'est glacé mon courage ;
Il faut perdre à la fois son amour et l'honneur,
Et pour moi désormais plus d'espoir, de bonheur !

RAOUL.

Trahison, perfidie ! à ce point l'on m'outrage !
Je repousse à jamais un honteux mariage.
Plus d'hymen, je l'ai dit, et fidèle à l'honneur,
Je me ris désormais de leur vaine fureur.

MARGUERITE.

O transport ! ô démence ! et d'où vient cet outrage ?
A briser de tels nœuds quel délire l'engage ?
Et d'un autre penchant le pouvoir séducteur
Viendrait-il tout à coup s'emparer de son cœur ?

MARCEL.

Oui, mon cœur applaudit à son noble courage :
Il repousse à jamais un fatal mariage.
A son culte fidèle, et fidèle à l'honneur ,
Je me ris maintenant de leur vaine fureur.

CHŒUR GÉNÉRAL.

O transport ! ô délire ! et d'où vient cet outrage ?
Et pourquoi rompre ainsi le serment qui l'engage ?
Cet affront veut du sang.

(Montrant Saint-Bris.)

Et sa juste fureur
Doit punir un perfide et venger son honneur.

MARGUERITE, à Raoul.

Un semblable refus....

RAOUL.

N'est que trop légitime.

MARGUERITE.

Dites-m'en la raison.

RAOUL.

Je ne le puis sans crime.

VALENTINE.

Qu'ai-je fait ?

RAOUL.

Par égard je veux me taire encor ;
Mais cet hymen..... jamais !

MARGUERITE, avec colère.

Raoul !

RAOUL.

Disposez de mon sort ;
Mais je l'ai dit : jamais !,,.. jamais ! plutôt la mort.

DE NEVERS ET SAINT-BRIS.

C'en est trop ; je frémis de colère et de rage. etc.

VALENTINE,

Et comment ai-je donc mérité cet outrage ? etc.

RAOUL.

Trahison ! perfidie ! à ce point l'on m'outra-
[ge ! etc.

MARGUERITE.

O transport ! ô démence ! et d'où vient cet ou-
[trage ? etc.

MARCEL.

Oui, mon cœur applaudit à son noble coura-
[ge ! etc.

CHŒUR GÉNÉRAL.

O transport ! ô délire ! et d'où vient cet outra-
[ge ? etc.

DE NEVERS et SAINT-BRIS, à Raoul qui s'apprête à les suivre.

Sortons ! sortons ! qu'il tombe sous nos coups !

RAOUL.

D'un tel honneur mon cœur est plus jaloux.

MARGUERITE.

Arrêtez ! devant moi ! quelle insulte nouvelle !

(Faisant signe à un des officiers de désarmer Raoul.)

Vous, Raoul, votre épée.

(A Saint-Bris et Nevers.)

Et vous , oubliez-vous
Qu'à l'instant près de lui votre roi vous rappelle ?

RAOUL.

Je les suivrai.

MARGUERITE.

Non pas ! près de moi, dans ces lieux
Vous resterez !

SAINT-BRIS.

Le lâche est trop heureux
(Montrant la reine.)
Que cette main royale ait un tel privilège !

RAOUL.

En désarmant mon bras, c'est vous qu'elle protége,
Et peut-être trop tôt je serai près de vous.

MARGUERITE.

Téméraires ! tous deux redoutez mon courroux.

SAINT-BRIS.

C'est en vain qu'on prétend enchaîner mon courage,
Je saurai retrouver l'ennemi qui m'outrage.

(Prenant la main de Valentine.)

Viens, partons, c'est à moi dans ma juste fureur
A punir son offense, à venger notre honneur !

RAOUL.

Vainement l'on prétend retenir mon courage,
Je saurai retrouver l'ennemi qui m'outrage.
Or, plus tard je saurai par ma seule valeur
Repousser son offense et venger mon honneur.

VALENTINE.

Dieu puissant ! ai-je donc mérité, etc.

MARGUERITE.

O transport ! ô délire ! et d'où vient, etc.

MARCEL.

Oui, mon cœur applaudit à son noble courage, etc.

CHŒUR GÉNÉRAL.

O transport ! ô délire ! et d'où vient cet outrage ? etc.
Partons, partons, éloignons-nous,
Rien ne pourra le soustraire à nos coups !

(Saint-Bris et de Nevers entraînent Valentine à moitié évanouie
et sortent en défiant Raoul, qui veut les suivre, et que re-
tiennent les soldats de la reine. Tout le monde se sépare dans
le plus grand désordre. La toile tombe.

FIN DU SECOND ACTE.

ACTE TROISIÈME.

Le théâtre représente les Prés-aux-Clercs qui s'étendent jusqu'aux bords de la Seine. — Au fond et de l'autre côté de la rivière les principaux édifices de Paris. — A gauche du spectateur, sur le premier plan, un cabaret où sont assis des étudiants et des jeunes filles. — A droite, un cabaret devant lequel des soldats huguenots boivent ou jouent aux dés. — Sur le second plan à gauche l'entrée d'une chapelle. — Au milieu un arbre immense qui ombrage la prairie. — Au lever du rideau, des clercs de la Basoche et des grisettes sont assis sur des chaises et causent entre eux. — D'autres se promènent ou forment différents groupes. — Ouvriers, marchands, musiciens ambulants, marionnettes, moines, bourgeois et bourgeoises. — Il est six heures du soir au mois d'août.

SCÈNE Iʳᵉ.

CHŒUR GÉNÉRAL.

C'est le jour du dimanche,
C'est le jour du repos;
Dans une gaîté franche
Oublions nos travaux.
Sur les bords de la Seine
Et dans ces prés fleuris
Le plaisir nous amène,
Habitants de Paris.

PLUSIEURS CLERCS, à de jeunes ouvrières.

Qu'aujourd'hui l'amour nous rapproche,
Venez danser, belle aux doux yeux.

LES JEUNES FILLES.

Oh! non, les clercs de la basoche
Sont, nous dit-on, trop dangereux.

CHŒUR GÉNÉRAL.

C'est le jour du dimanche,
C'est le jour du repos;
Dans une gaîté franche
Oublions nos travaux.
Sur les bords de la Seine
Et dans ces prés fleuris
Le plaisir nous amène,
Habitants de Paris.

BOIS-ROSÉ, à gauche avec ses soldats.

CHANSON HUGUENOTE.

1ᵉʳ COUPLET.

Prenant son sabre de batailles,
Qui renverse forts et murailles,
Il a dit : Soldats de la foi,
    Suivez-moi!
Je suis votre vieux capitaine,
A la victoire je vous mène,
Ou je vous mène en paradis!
    Mes amis!
Vive la guerre;
Buvons, ami,
A notre père,
A Coligny.

CHŒUR.

Vive la guerre,
Buvons, ami,
A notre père,
A Coligny.

BOIS-ROSÉ.

2ᵉ COUPLET.

En avant, braves calvinistes!
A nous les filles des papistes,

A nous richesses et butin
Et bon vin.
Ici tout appartient au brave ;
Et ces vins qu'ils gardaient en cave
Pour l'autel et pour ses banquets,
Buvons-les.
Vive la guerre !
Buvons, ami,
A notre père,
A Coligny.

CHŒUR.

Vive la guerre !
Buvons, ami,
A notre père,
A Coligny.

(Dans ce moment paraît un cortége de mariage ; Saint-Bris et Nevers donnent la main à Valentine, qui, couverte d'un voile et suivie de jeunes filles, de dames et de seigneurs de la cour et des gens de sa maison, se dirige vers la chapelle á gauche.)

CHŒUR de catholiques qui s'agenouillent pendant que le cortége entre dans la chapelle.

Vierge Marie,
Soyez bénie,
Votre voix prie
Pour les pécheurs.
Reine de grâce,
Par vous s'efface
Jusqu'à la trace
De nos douleurs !

(Marcel entre par la gauche, tenant une lettre à la main.)

MARCEL, cherchant Saint-Bris au milieu du cortège.
Le seigneur de Saint-Bris ?...

DES GENS DU PEUPLE.

(A Marcel, qui a son chapeau sur la tête.)

Vois ce pieux cortége ;
Incline ton front.

MARCEL.
Pourquoi donc ?

LES GENS DU PEUPLE.

Il le faut bien.

MARCEL.
Et pourquoi le ferais-je ?

(Montrant le cortége.)

Dieu n'est pas là, je pense.

TOUS LES GENS DU PEUPLE.

Impie !

BOIS-ROSÉ ET LES HUGUENOTS, se levant.

Il a raison.

CHŒUR DE JEUNES FILLES.

Vierge Marie,
Soyez bénie,
Votre voix prie
Pour les pécheurs.
Reine de grace.
Par vous s'efface
Jusqu'à la trace
De nos douleurs.
Vierge Marie,
Soyez bénie.

(Elles entrent dans la chapelle.)

BOIS-ROSÉ ET LES HUGUENOTS.

En avant, braves calvinistes,
A nous les filles des papistes,
A nous richesses et bon vin
Et butin.
Ici tout appartient au brave
Et ces vins qu'ils gardaient en cave,
Pour l'autel et pour ses banquets,
Buvons-les !
Vive la guerre,
Buvons, ami,
A notre père,
A Coligny.

CHŒUR DU PEUPLE, regardant les huguenots avec indignation.

Ah ! les profanes, les impies !
Dont les âmes sont endurcies,
Profanes ! impies !
Qu'on devrait brûler en plein air,
En attendant les feux d'enfer.

(L'indignation des gens du peuple s'est augmentée. Ils regardent en les menaçant les soldats calvinistes qui boivent et qui rient de leur colère. En ce moment une ritournelle joyeuse se fait entendre ; on voit paraître des bohémiens autour desquels chacun s'empresse. Plusieurs Bohémiens portent des instruments de musique, et sur leurs premiers accords, les clercs de la basoche invitent les jeunes filles et dansent avec elles, tandis que d'autres bohémiens chantent.)

RONDE BOHÉMIENNE.

1er COUPLET.

Vous qui voulez savoir d'avance
Si le destin vous sourira,
Payez, payez, et ma science
A juste prix vous le dira.

De la Bohême
Enfants joyeux,
Le ciel lui-même
S'ouvre à nos yeux !
Beautés coquettes,
Seigneurs galants,

Jeunes fillettes ,
Jeunes amants....

Vous qui voulez savoir d'avance
Si le destin vous sourira ,
Payez, payez, et ma science
A juste prix vous le dira.

Honneurs , richesse ,
Et beaux bijoux ,
Fraîcheur, jeunesse ,
En voulez-vous ?
Vous , grandes dames
De ce pays ,
Gentilles femmes
Et vieux maris....

Vous qui voulez savoir d'avance
Si le destin vous sourira ,
Payez, payez, et ma science
A juste prix vous le dira.

(Ballet. Danse des bohémiens , des clercs et des grisettes. A la
fin du ballet, Saint-Bris, de Nevers et Maurevert sortent de la
chapelle qui est à gauche.)

DE NEVERS , à Saint-Bris.

Pour remplir un vœu solennel
Jusqu'à ce soir au pied du saint autel
Valentine demande à rester en prière !
J'obéis ! et suivi de mes nombreux amis ,
Je reviendrai chercher l'épouse qui m'est chère ,
Pour la conduire en pompe à mon logis !

(Il sort.)

SAINT-BRIS , le regardant sortir.

Ainsi par cet illustre et noble mariage
Des refus de Raoul je puis braver l'outrage ,
Mais non pas l'oublier... et s'il s'offre à mes coups...

MARCEL , apercevant Saint-Bris et s'approchant de lui.

Mon maître m'a remis ce message pour vous !

SAINT-BRIS , avec joie.

Raoul!... il revient donc enfin !

MARCEL.

Avec la reine.
Tous les trois nous venons de quitter la Touraine !
Nous entrons dans Paris !

SAINT-BRIS , lisant le billet.

Et j'en rends grâce au ciel.

(A Maurevert.)

Il m'ose défier et m'envoie un cartel.

MAUREVERT , à part avec joie.
Vraiment !

MARCEL , avec effroi.

Quel mot viens-je d'entendre ?

SAINT-BRIS, à Maurevert , lui montrant le billet.

Aujourd'hui même, et dans les Prés-aux-Clercs
Quand les ombres du soir rendent ces lieux déserts,
Il viendra !

MAUREVERT.

C'est ici tantôt qu'il doit se rendre ;
Un Dieu vengeur l'amène !... il n'en sortira pas !...

SAINT-BRIS, à Marcel qui s'éloigne.

Nous l'attendrons !

(Bas à Maurevert.)

Cachons ce cartel à mon gendre.
Un jour d'hymen il ne doit pas
Courir la chance des combats.

MAUREVERT , à voix basse.

Ni vous non plus !... pour frapper un impie
Il est d'autres moyens que le ciel sanctifie.

SAINT-BRIS.

Que dis-tu ?

MAUREVERT.

Dieu le veut.

(Lui montrant la chapelle.)

Venez, et devant lui
Vous saurez le projet que l'on forme aujourd'hui.

SCÈNE II.

MAUREVERT et SAINT-BRIS rentrent dans la
chapelle à gauche. Le soir arrive. — On entend
une cloche et la voix des archers et des sergents
du guet.

LE COUVRE-FEU.

PLUSIEURS ARCHERS.

Rentrez , habitants de Paris ,
Tenez-vous clos dans vos logis ;
Que tout bruit meure,
Quittez ce lieu,
Car voici l'heure
Du couvre-feu.

TOUS.

Rentrons, habitants de Paris,
Tenons-nous clos en nos logis, etc.

BOIS-ROSÉ , aux soldats protestants et à leurs femmes , montrant le cabaret à droite.

Toute la nuit, mes chers amis,
Buvons gaîment dans ce logis.

Et vous, beautés à l'œil si doux,
Venez souper, rire avec nous.

UN ÉTUDIANT, *montrant aux grisettes le cabaret à gauche.*

Et vous, enfants, roses d'amour,
Venez danser jusqu'au grand jour ;
Mais par ici passons plutôt,
On sent par-là le huguenot.

CHŒUR GÉNÉRAL.

Que dans ce lieu
Nul ne demeure,
Car voici l'heure
Du couvre-feu.

(Toute la foule s'écoule. Bois-Rosé et les huguenots sont entrés dans le cabaret dont les portes se referment. Les archers ont chassé devant eux tous les promeneurs. La nuit est sombre, et il n'y a plus personne sur le Pré-aux-Clercs.)

SAINT-BRIS ET MAUREVERT, *sortant mystérieusement de la chapelle.*

MAUREVERT.

C'est dit !... et vous m'avez compris !

SAINT-BRIS.

Dans une heure, en ce lieu !

MAUREVERT.

Comptez sur nos amis !

(Ils sortent.)

SCÈNE III.

VALENTINE, *paraissant à la porte de la chapelle.*

Derrière ce pilier, cachée à tous les yeux,   [affreux
Que viens-je, hélas ! d'entendre... et de quel piége
Ses jours sont menacés... Ah ! je dois l'y soustraire,
Non pas pour lui, mon Dieu ! mais pour l'honneur
Et comment prévenir Raoul ?   [d'un père.

MARCEL, *entrant par la gauche.*

Je l'attendrai !
Je serai du combat, et s'il meurt, je mourrai.

MARCEL.

On vient ; c'est lui peut-être.
Est-ce vous, mon bon maître ?
Qui va là ?

VALENTINE.

Juste ciel !
Oui, j'ai cru reconnaître
La voix du bon Marcel.

(Appelant à demi-voix.)

Marcel !!

MARCEL.

A cette heure

Qui prononce mon nom ?... Qui va là ?

VALENTINE.

Viens ici.

MARCEL.

Halte-là !
Le mot d'ordre ! ou qu'on meure !

VALENTINE.

Ah ! Raoul !

MARCEL.

Bien cela !
Avancez ! — Une femme !
Et voilée !... ah ! Seigneur !
Il y va de mon ame !

VALENTINE.

As-tu peur ?

MARCEL.

Moi, Marcel !... moi, peur !...

VALENTINE.

Écoute-moi !... Raoul en ces lieux va se rendre.

MARCEL.

C'est vrai.

VALENTINE.

Pour un duel.

MARCEL.

C'est vrai... contre un damné.
Pour venger son honneur... Dieu saura le défendre.

VALENTINE.

Qu'il ne vienne au combat que bien accompagné.

MARCEL.

O ciel ! de quels périls est-il environné ?
Achève !

VALENTINE.

Je ne puis, mais tu dois me comprendre ;
Qu'il ne vienne au combat que bien accompagné.

MARCEL, *effrayé, s'éloigne vivement.*

VALENTINE, *seule.*

L'ingrat d'une offense mortelle
A blessé mon cœur fidèle,
Et malgré moi, son image cruelle,
Règne encore dans ce cœur objet de ses mépris.

MARCEL, *rentrant et à part.*

Je courais avertir mon maître et le défendre,
Insensé j'oubliais !... il n'est plus au logis !
En sortant... dans ces lieux il m'a dit de l'attendre !
Où le joindre ?... et comment lui donner cet avis ?
Cherchons-le ?... qu'ai-je dit ?... si pendant mon ab-
Contre lui, d'assassins une troupe s'élance,   [sence,
Par le fer meurtrier assailli... sans défense...
En appelant Marcel à son aide... il mourra !
Restons... restons plutôt ? mais seul... que peut mon
Mourir à ses côtés, en serviteur fidèle.   [zèle ?
Dieu puissant, vois mes pleurs et ma crainte mortelle,
Prends pitié d'un vieillard qui toujours t'adora !

VALENTINE, l'apercevant et courant à lui.

Tu m'as compris?

MARCEL.

Un mot: — cet avis, qui le donne?

VALENTINE.

Fais-en bien ton profit.
Adieu, cela suffit.

MARCEL.

Trahison! Quelle es-tu? parle, je te l'ordonne.

VALENTINE.

Je ne le puis!

MARCEL.

Je m'attache à tes pas!
D'où vient un tel avis?

VALENTINE.

Tu ne le sauras pas!

MARCEL.

Qui donc es-tu? réponds! ou par le ciel lui-même...

VALENTINE, tremblante.

(A demi-voix.)

Grands dieux!... eh bien! je suis une femme qui
[l'aime,
Qui s'expose pour lui, qui veille sur ses jours,
Et qui doit désormais l'oublier pour toujours.

MARCEL, attendri.

Vraiment?

VALENTINE.

Ah! tu ne peux éprouver ni comprendre
Ces tourments, ces combats, que nul mot ne sait
[rendre,
Où tour à tour triomphe ou l'amour ou l'honneur!

(A part.)

Pour sauver du trépas une tête si chère,
Malgré moi je trahis et l'honneur et mon père!

(Montrant l'église.)

Mais je viens de tout dire à Dieu même, et j'espère
Mon pardon de ce Dieu, qui doit lire en mon cœur.

MARCEL, la regardant avec attendrissement.

Ne te repens point, noble fille,
D'un dévouement où l'honneur brille;
Ne pleure pas; Marcel, ma fille,
Te bénit du fond du cœur.
Oui, pour toi, que je revère,
Je prierai ma vie entière,
Et d'un vieillard la prière
A toujours porté bonheur.

(Il veut encore interroger Valentine qui s'échappe et
se réfugie dans l'église.)

SCÈNE IV.

MARCEL, seul un instant.

Un danger!... sans vouloir dire lequel... alerte,
Et veillons pour sauver Benjamin de sa perte.

(Voyant venir Raoul et ses témoins.)

C'est lui!.. ciel! et Judas!

SAINT-BRIS, à Raoul.

En même temps que nous
Se trouver au combat... c'est bien!

RAOUL, avec fierté.

Quoi! doutiez-vous
De mon exactitude?

MARCEL, à part, regardant Saint-Bris.

Et comment de ce traître
Déjouer les desseins?

RAOUL, l'apercevant et lui tendant la main.

C'est Marcel!

MARCEL.

Oui, mon maître.

(A demi-voix.)

En d'autres lieux, en d'autres temps
Remettez ce combat!

RAOUL, étonné.

Est-ce toi que j'entends?

MARCEL.

Un ange est apparu, m'annonçant la tempête,
Un piége est sous vos pas.

RAOUL.

Allons... Perds-tu la tête?

(Se tournant vers les témoins.)

De ce loyal combat, dont vous êtes témoins,
Réglez les lois, messieurs, je m'en fie à vos soins.

SEPTUOR.

En mon bon droit j'ai confiance.
Pour me venger de son offense
Que le fer seul juge entre nous.
Je veux raison de son outrage,
Et bonne épée et bon courage,
Chacun pour soi, le ciel pour tous!

MARCEL.

Ah! quel chagrin pour ma vieillesse!
Pleure, Marcel, Dieu nous délaisse!
Pauvre Raoul, ah! j'en frémis!
Pitié, mon Dieu! sauvez mon fils!

(Raoul et Saint-Bris restent à l'écart, l'un à droite et l'autre à
gauche du théâtre. Les quatre témoins s'avancent au milieu
et disent à voix basse.)

Quoi qu'il advienne ou qu'il arrive,
Marchant l'un sur l'autre à la fois,
A nombre égal, trois contre trois,
Jusqu'à ce que la mort s'ensuive,
Nous nous battrons.

TOUS.

C'est convenu.

C'est entendu.

LES QUATRE TÉMOINS, toujours à demi-voix.)

Que nul autre que nous ne puisse
Au combat ici prendre part.

TOUS, SAINT-BRIS ET RAOUL, répétant.

Que nul autre que nous ne puisse
Au combat ici prendre part.

LES QUATRE TÉMOINS.

Des combattants les seules armes
Seront l'épée et le poignard.

TOUS, répétant.

Des combattants les seules armes
Seront l'épée et le poignard.

LES QUATRE TÉMOINS.

A qui tombera sous le glaive,
Ni quartier, ni merci, ni trève.

TOUS, répétant.

A qui tombera sous le glaive,
Ni quartier, ni merci, ni trève.

C'est convenu,
C'est entendu.

ENSEMBLE.

En mon bon droit j'ai confiance;
Pour me venger de son offense,
Que le fer seul juge entre nous.
Je veux raison de son outrage,
Et bonne épée et bon courage,
Chacun pour soi, le ciel pour tous.

(Pendant cet ensemble on a distribué des armes aux champions.)

LES QUATRE TÉMOINS.

Mesurons maintenant et le champ et les armes!

(Deux témoins mesurent les épées et les deux autres marquent une distance de sept ou huit pas.)

MARCEL, qui est à gauche du théâtre et près de Raoul.)

Je sens à chaque instant redoubler mes alarmes!
Entendez-vous ces pas? — On s'avance vers nous!
Mon maître, regardez!

RAOUL, qui essaie son épée et son poignard.)

Eh! laisse-moi!

MARCEL, regardant vers le fond et voyant Maurevert et quelques hommes armés.

Dans l'ombre,

Je ne puis distinguer leur force ni leur nombre!

(Tirant son épée et s'avançant vers eux.)

Vous qui marchez de nuit, ici que voulez-vous?

MAUREVERT, et deux hommes armés descendent à droite du théâtre et du côté de Saint-Bris.

Que t'importe?

(Marcel est descendu à gauche et se tient près de son maître, l'épée à la main.)

MAUREVERT, le regardant et désignant Marcel et les trois combattants.

Que vois-je? ô ciel! et quelle perfidie!
Des huguenots dont la fureur impie
Ose à nombre inégal attaquer dans ce lieu
Un des nôtres!...

(Criant à voix haute.)

A moi, défenseurs du vrai Dieu!

(Une douzaine d'hommes armés de bâtons et d'épieux et qui étaient en embuscade derrière le gros chêne, s'élancent et entourent Raoul et ses deux témoins. Marcel se serre contre son maître, et les quatre huguenots, adossés l'un à l'autre, cherchent à faire face aux ennemis qui les pressent de tous côtés. Au moment où ils vont succomber sous le nombre, on entend dans le cabaret à droite les soldats protestants qui chantent en chœur leur chanson de la première scène.)

Plan, rataplan, vive la guerre!
Buvons, ami,
A notre père,
A Coligny!

MARCEL, criant d'une voix forte.

Coligny!... Coligny!... défenseurs de la foi!
Accourez à mes cris, venez, défendez-moi,
Tout Israël est en émoi!...

(A ces cris les portes du cabaret s'ouvrent; Maurevert et ses affidés s'enfuient effrayés derrière Saint-Bris et ses compagnons. Les soldats huguenots paraissent et entourent Marcel, qui entonne en actions de grâces le coral de Luther.)

(Au même instant et du cabaret à gauche sortent des clercs de la Sorbonne et de la Basoche, qui accourent au bruit.)

MAUREVERT, les apercevant.

Braves étudiants.... à nous!
Trahison!... accourez.

LES ÉTUDIANTS.

Oui, oui, nous voici tous.

(Les étudiants se rangent du côté des catholiques, et menacent les soldats huguenots. Ils vont en venir aux mains, lorsque les femmes ou maîtresses des huguenots et des étudiants sortent aussi des cabarets de droite et de gauche, se jettent entre les combattants, puis commencent entre elles à s'injurier et à se disputer.)

HOMMES CATHOLIQUES.

Nous voilà! félons, arrière!
Tournez bride, cavaliers!
Marmoteurs de prière,
Régiment de sorciers!
Au feu le calviniste!
Les païens au fagot!
Mort, mort à qui résiste!
Dieu le veut, il le faut!

FEMMES CATHOLIQUES.

Croyez-vous que l'on nous berne?
Vite arrière de céans !
  Souper à la caserne
  Avec des mécréants!
  Cachez-vous, éhontées,
  Bijoux de huguenot;
  Nos têtes sont montées :
  Gare à vous ! plus un mot !

HOMMES PROTESTANTS.

Nous voilà! félons, arrière!
  A vos classes, écoliers !
  Rengaînez la rapière,
  Soldats de bénitiers.
  Au diable tout papiste !
  Au diable tout bigot,
  Mort, mort à qui résiste !
  Dieu le veut, il le faut !

FEMMES PROTESTANTES.

Croyez-vous que l'on nous berne?
Vite arrière de' céans !
  Danser à la taverne
  Avec des étudiants !
  Taisez-vous effrontées,
  Mignonnes de cagot;
  Nos têtes sont montées :
  Gare à vous ! plus un mot !

(Les deux troupes furieuses ont tiré leurs épées ; elles s'élancent l'une sur l'autre. Les femmes effrayées s'enfuient à droite et à gauche, tombent à genoux et prient le Ciel. — D'autres femmes, plus intrépides, se jettent avec leurs enfants au milieu des lances et des épées, et cherchent à arrêter les combattants qui craignent de les fouler aux pieds.—Saint-Bris et Raoul ont croisé le fer, et Marcel, qui a saisi la hache que tenait un des garçons du cabaret, est venu se placer à côté de son maître et le couvre de son corps.
En ce moment paraissent à gauche des gardes et des pages aux livrées royales; plusieurs portent des flambeaux et éclairent la reine Marguerite, qui rentre à cheval dans son palais. A l'aspect de la reine, les combattants s'arrêtent par respect et reculent devant elle.)

SCÈNE V.

LES PRÉCÉDENTS; MARGUERITE à cheval, et suivie de son cortége.

MARGUERITE.

Quoi ! même dans Paris, sous les yeux de mon frère,
Des deux partis il faut redouter les excès !
Et je ne puis le soir rentrer dans mon palais
Sans trouver sous mes pas la discorde et la guerre !

SAINT-BRIS, à la reine, montrant Raoul et les siens.

Qui doit-on accuser?... ceux dont la trahison
  Nous force à demander justice.

RAOUL, à la reine, montrant Saint-Bris.

La faute en est à lui, qui sans droit, sans raison,
Du plus lâche attentat s'est rendu le complice.

MARGUERITE.

Que dois-je croire? ô ciel! et d'un pareil soupçon
Quelles preuves?...

MARCEL, s'avançant.

      Je peux vous les faire connaître.

(Montrant Saint-Bris et les siens.)

Ce sont eux qui voulaient assassiner mon maître.

SAINT-BRIS.

Qui te l'a dit?

MARGUERITE.

      Et de qui le sais-tu?

MARCEL.

D'une femme, d'un ange en ces lieux descendu
  Pour déjouer leur perfidie,
Pour défendre Raoul et veiller sur sa vie!

SAINT-BRIS, montrant Marcel.

  Ce vieillard a menti.

(D'un air railleur.)

Où donc est cette femme ? en quels lieux ?

MARCEL, se retournant et apercevant Valentine sur les marches de la chapelle.

      La voici !

SCÈNE VI.

LES PRÉCÉDENTS; VALENTINE, couverte d'un voile.

TOUS, la regardant.

  O surprise nouvelle !

(Valentine effrayée à la vue de tant de monde, descend les marches de la chapelle et veut se perdre dans la foule. Saint-Bris l'arrête par la main.)

SAINT-BRIS.

C'est elle qui m'accuse et dont l'œil a, dit-on,
Pour protéger Raoul, surpris ma trahison !
Je connaîtrai les traits de ce témoin fidèle.

(Valentine veut lui échapper; il la retient, lui arrache son voile et s'écrie avec effroi.)

Ma fille !

TOUS.

  O ciel !

RAOUL, regardant Valentine.

      Eh quoi ! pour me sauver la vie
Elle aurait de son père affronté le courroux !
Et sans m'aimer !

MARGUERITE.

      Elle n'aimait que vous.

VALENTINE, voulant empêcher la reine de parler.

Madame!... au nom du ciel !

RAOUL , vivement.

Et cette perfidie
Dont je fus le témoin, chez Nevers, sous mes yeux ?

MARGUERITE.

Elle y venait pour rompre un hymen odieux.

RAOUL.

Et j'ai pu l'outrager !

(A Valentine.)

Grâce pour un coupable
Que l'amour égarait , que le remords accable !

(A Saint-Bris.)

Rendez-moi tous les biens que mon cœur repoussait;
Rendez-la-moi!—je l'aime!—et j'attends mon arrêt!

SAINT-BRIS, avec joie et retenant Valentine qui veut parler.

Tu l'aimais donc?

RAOUL.

Toujours! et de vous seul j'implore
Sa main et mon pardon.

SAINT-BRIS, de même.

Et tu l'aimes encore ?

RAOUL.

Sans elle tous mes jours sont voués au malheur.

SAINT-BRIS.

J'aurai donc satisfait le seul vœu de mon cœur !
A mes genoux, ton amour la réclame !
Eh bien donc aujourd'hui (juge de mon bonheur !)
Et depuis ce matin... d'un autre elle est la femme.

(Valentine s'éloigne et cache sa tête dans ses mains.)

MARGUERITE.

Qu'entends-je ?

VALENTINE, à part.

Je me meurs !

RAOUL; que la reine cherche en vain à calmer.

O comble de douleurs !

(On entend une marche joyeuse jouée par une musique lointaine.)

SAINT-BRIS.

Mais j'entends éclater des accents d'allégresse ;
De l'époux triomphant le cortége s'empresse,
Appareil digne enfin des Nevers, des Saint-Bris!

(Au fond du théâtre paraît sur la rivière une grande chaloupe élégamment décorée et illuminée ; elle porte des musiciens, des pages, des dames de la cour et tout le cortége de noces du comte de Nevers, qui débarque en ce moment.)

RAOUL, à part.

Ah ! comment contenir ma fureur ?

NEVERS, descendu de la chaloupe et suivi du cortége de noces.

Noble dame,

Venez près d'un époux dont l'amour vous réclame.

SAINT-BRIS.

Comte, voici la nuit , emmène en ton logis
Valentine ma fille.., et ta nouvelle épouse,
Elle est à toi !

MARGUERITE, bas à Raoul.

Calmez votre fureur jalouse,
Pour son honneur, Raoul.

RAOUL,

De rage je frémis !

(Des bohémiens et bohémiennes s'approchent du comte de Nevers et de la nouvelle mariée, et, suivant l'usage du temps, leur offrent des fleurs et des gâteaux. — Le comte fait un signe à un de ses pages, qui distribue de l'or aux bohémiens. Ceux-ci témoignent leur joie par des danses, puis sortent un instant, reviennent avec des flambeaux allumés, et éclairent le cortége qu'ils escortent à droite et à gauche en dansant.— De Nevers prend la main de sa femme, et suivi de Saint-Bris, de ses pages et de tous ses amis, il remonte le théâtre et conduit Valentine à la chaloupe qui les attend. Les musiciens font retentir les airs de joyeuses fanfares, tandis que sur le devant du théâtre se chante le final suivant.)

CHŒUR des étudiants et des soldats protestants, se menaçant.

Plus de paix , plus de trève;
Que la lutte s'achève;
Il faudra par le glaive
Décider notre sort !
Oui, c'est trop de clémence,
C'est trop de patience;
Je n'ai qu'une espérance:
La vengeance ou la mort !

CHOEUR des amis de Nevers, pendant la danse.

Gaîté , plaisir, ivresse !
Que nos chants d'allégresse
Célèbrent leur bonheur.
Du noble mariage
Qui tous deux les engage ,
Célébrons la splendeur.

RAOUL.

O désespoir ! ô rage !
Un autre hymen l'engage
Au rival que je hais.
Et quand j'ai sa tendresse ,
La haine vengeresse
Me l'enlève à jamais!

VALENTINE.

Plus d'espoir, de courage ;
Un autre hymen m'engage
Et m'enchaîne à jamais.
Hélas! et sa tendresse
Maintenant ne me laisse
Que d'éternels regrets !

SAINT-BRIS ET LES CATHOLIQUES.

J'ai satisfait ma rage :
Un autre hymen l'engage
Et l'enchaîne à jamais ;
Ma vengeance lui laisse
Ses remords, sa tendresse
Et d'éternels regrets !

MARGUERITE.

Modérez votre rage,
Et que votre courage
Calme ici vos regrets.
Plus d'espoir, de tendresse,
La haine vengeresse
Vous sépare à jamais !

NEVERS.

Je me ris de sa rage ;
L'hymen ici l'engage
Et comble mes souhaits.
Il faut qu'à sa tendresse,

A sa belle maîtresse,
Il renonce à jamais !

PROTESTANTS.

O désespoir ! ô rage !
Un autre hymen l'engage,
Et l'enchaîne à jamais !
Et malgré leur tendresse,
La haine ne leur laisse
Que d'éternels regrets !

(De Nevers et son cortége viennent de remonter dans la chaloupe, qui s'éloigne au son des fanfares; les hommes et femmes du peuple et les enfants sont montés sur les degrés de
l'église à gauche, sur les bancs et les berceaux de la tonnelle
du cabaret à droite et même sur le gros chêne du milieu. —
Les bohémiens et bohémiennes parcourent le théâtre en
agitant leurs flambeaux et en éclairant encore de loin le cortége qui descend la rivière. — La reine Marguerite, qui vient
de remonter à cheval, suivie de ses pages, de ses écuyers et
des gardes suisses du roi, continue sa marche le long du
quai ; et sur le devant du théâtre, à gauche, un groupe de
protestants, à droite, un groupe de catholiques se menacent
de loin et se défient. — La toile tombe.)

FIN DU TROISIÈME ACTE.

ACTE QUATRIÈME.

Un appartement dans l'hôtel du comte de Nevers. Des portraits de famille en décorent les murs. Au fond une grande porte, et une grande croisée gothiques. A gauche du spectateur une porte qui mène à la chambre à coucher de Valentine.—A droite une grande cheminée, et près de la cheminée l'entrée d'un cabinet fermé par une tapisserie. — A droite du spectateur, et sur le premier plan, une croisée qui donne sur la rue.

SCÈNE Ire.

VALENTINE, assise sur un canapé.

RÉCITATIF.

Je suis seule chez moi, seule avec ma douleur !
(Elle reste un instant pensive, et laisse tomber sa tête sur son
sein.)
A d'éternels tourments vous m'avez condamnée,
   Mon père ! un autre avait mon cœur,
   Et pourtant vous m'avez donnée !
Et vous que j'implorais en vain dans mon malheur,
Vous, qui l'avez permis, ce funeste hyménée,
Mon Dieu, daignez du moins, pour alléger mes maux,
Chasser un souvenir fatal à mon repos.

ROMANCE.

De mon amour faut-il triste victime,
Dans la douleur voir s'éteindre mes jours?
J'aime un ingrat et l'aimer est un crime
J'ai pu le fuir, mais j'y pense toujours.
   Hélas ! du Dieu qui me contemple
   En vain j'implore le secours,
Je vais priant sur les marbres du temple
Pour l'oublier, et j'y pense toujours.

SCÈNE II.

VALENTINE, RAOUL, paraissant à la porte du fond.

VALENTINE, l'apercevant.
Juste ciel !... est-ce lui, lui dont l'aspect terrible
Ainsi que le remords sans cesse me poursuit !

RAOUL, d'un air sombre.
Oui, c'est moi !... moi qui viens dans l'ombre et dans
                   [la nuit,
Ainsi qu'un criminel dont la peine est horrible,
Et qui, las de souffrir, succombe au désespoir !

VALENTINE.
Que voulez-vous de moi ?

RAOUL.
      Rien,... j'ai voulu vous voir
Avant que de mourir.

VALENTINE, effrayée.
      Qu'entends-je? est-il possible?
Et mon père, et mon mari?

RAOUL, froidement.
Oui, je pouvais les rencontrer ici,
Je le savais !

VALENTINE.

Leur cœur est inflexible ;
Ils vous tueraient !... Fuyez !

RAOUL.

Non, j'attendrai leurs coups.
Eh ! n'est-ce rien pour moi que mourir près de vous ?
Vous que j'aimais, et que l'on m'a ravie !
Vous dont j'étais aimé, vous, mon bien et ma vie,
Jamais vous ne saurez tout ce que j'ai souffert !
Quand on perd le bonheur, quand c'est vous que
Il faut mourir alors !   [l'on perd,

VALENTINE.

Non ! si je vous suis chère,
Non ! vous ne mourrez pas ; vous vivrez pour l'hon-
La gloire, la patrie, et pour qu'en ma douleur [neur,
Du bruit de vos succès je sois heureuse et fière !...

RAOUL.

Que dites-vous ?

VALENTINE.

Partez, quittez ce lieu !
Je ne dois plus vous voir !

RAOUL.

Ah ! quel sort est le nôtre !

VALENTINE.

Mais je prierai pour vous ! oui, je prierai mon Dieu
Pour qu'il devienne aussi le vôtre,
Pour que sa voix vous touche, et qu'oubliant vos torts,
Tous deux il nous unisse en ce séjour céleste
Où l'on peut se revoir et s'aimer sans remords.

RAOUL, écoutant.

Entendez-vous ces pas ?

VALENTINE.

Fuyez !

RAOUL.

Non, non ! je reste !

Et si quelques dangers....

VALENTINE, qui a été regarder au fond du théâtre.

Mon père ! mon époux !

(A Raoul, d'un air suppliant.)

Pour moi, pour mon honneur, évitez leur courroux !

(Raoul se cache derrière une tapisserie et dans l'embrasure de
croisée qui est au fond du théâtre.)

SCÉNE III.

RAOUL, caché, mais de temps en temps en vue du
spectateur ; VALENTINE, DE SAINT-BRIS,
DE NEVERS, CHAVANNES et quelques autres
seigneurs catholiques.

SAINT-BRIS, aux seigneurs qui entrent avec lui et l'entourent.

Oui, l'ordre de la reine en ces lieux nous rassemble ;
L'heure est enfin venue où je dois à vos yeux
Dévoiler des projets protégés par les cieux,
Et dès long-temps conçus par Médicis.

VALENTINE.

Je tremble !

SAINT-BRIS, à Valentine.

Ma fille, laissez-nous.

DE NEVERS, retenant par la main Valentine qui veut sortir.

Pourquoi donc ?... ses vertus,
Son zèle ardent pour la foi catholique,
Permettent qu'en ces lieux devant elle on explique
De la reine et du ciel les ordres absolus.

SAINT-BRIS, s'adressant aux seigneurs.

Des troubles renaissants et d'une guerre impie
Vous voulez, comme moi, délivrer le pays ?

TOUS.

C'est notre vœu !

SAINT-BRIS.

Du roi, du ciel, de la patrie,
Vous voulez, comme moi, frapper les ennemis ?

TOUS.

Nous sommes prêts.

SAINT-BRIS.

Eh bien ! du Dieu qui nous protége
Le glaive menaçant est sur eux suspendu !
Des huguenots la race sacrilége
Aura dès aujourd'hui pour jamais disparu.

RAOUL, soulevant la tapisserie à droite.

Qu'entends-je ?

VALENTINE, à part.

O ciel !

SAINT-BRIS.

Entraînés dans le piége,
Ce soir même, à minuit, ils doivent périr tous !

DE NEVERS.

Qui les condamne ?

SAINT-BRIS.

Dieu !

DE NEVERS.

Qui les frappera ?

SAINT-BRIS.

Nous !

SAINT-BRIS.

Pour cette cause sainte,
J'obéirai sans crainte
A l'honneur, à mon roi !
Comptez sur mon courage,
Entre vos mains j'engage
Mes serments et ma foi.

VALENTINE, à part.

D'une mortelle crainte
Ah ! mon âme est atteinte !
Cachons-leur mon effroi !
Comment tromper leur rage ?
Dieu ! soutiens mon courage
Et prends pitié de moi !

DE NEVERS, à part.

De douleur et de crainte ,
Ah ! mon âme est atteinte !
Qu'exige-t-on de moi ?
Quel est donc ce langage ?
A l'honneur seul j'engage
Mes serments et ma foi.

SAINT-BRIS, aux seigneurs qui l'entourent.

Le roi peut-il compter sur vous ?

TOUS , excepté Nevers.

Nous le jurons !

SAINT-BRIS.

C'est moi qui dois guider vos pas.

TOUS, de même.

Nous vous suivrons !

SAINT-BRIS.

Quoi ! Nevers seul a gardé le silence !

DE NEVERS.

Frappons des ennemis, mais non pas sans défense ;
Ce n'est pas le poignard qui doit percer leur sein.

SAINT-BRIS.

Quand le roi le commande !

DE NEVERS.

Il me commande en vain
De flétrir de mon sang l'honneur et la bravoure.

(Montrant les portraits suspendus autour de l'appartement.)

Et parmi ces aïeux   dont la gloire m'entoure ,
Je compte des sold ats, et pas un assassin !

SAINT-BRIS, à Nevers.

Quoi ! par toi notre cause est trahie et trompée !

DE NEVERS.

Non ! mais du déshonneur je sauve mon épée.

(Il la brise.)

Tiens ! la voici ! que Dieu juge entre nous !

VALENTINE , courant à Nevers , et à demi-voix.

Ah ! d'aujourd'hui tout mon sang est à vous !
Vous saurez tout ; venez !... oui, je dois vous ap-
[prendre...

(En ce moment s'ouvrent les portes du fond. Paraissent des
quarteniers, des échevins et des chefs du peuple armés.

SAINT-BRIS, s'adressant à eux et leur montrant Nevers.

Assurez-vous de lui, — de Nevers, de mon gendre !
Jusqu'à demain vous m'en répondez tous.

DE NEVERS.

Ma cause est juste et sainte ,
Je puis , je dois sans crainte
Résister à mon roi.
Son ordre est un outrage ;
A l'honneur seul j'engage
Et mon bras et ma foi !

VALENTINE.

D'une mortelle crainte
Ah ! mon âme est atteinte ;

Cachons-leur mon effroi.
Comment tromper leur rage ?
Dieu ! soutiens mon courage
Et prends pitié de moi !

SAINT-BRIS, les seigneurs, les échevins , quarteniers et
chœur de gens du peuple.

Pour cette cause sainte
J'obéirai sans crainte
A l'honneur, à mon roi !
Comptez sur mon courage !
Entre vos mains j'engage
Mes serments et ma foi !

(Plusieurs gens du peuple armés de hallebardes emmènent de
Nevers et sortent avec lui par la porte du fond. Valentine, sur
un geste de son père, rentre par la porte à gauche.)

SCÈNE IV.

LES MÊMES , excepté DE NEVERS.

SAINT-BRIS.

Et vous qui répondez au Dieu qui nous appelle ,
Chefs dévoués de la cité fidèle ,
Quarteniers, échevins , écoutez tous ma voix.
Qu'en ce riche quartier la foule répandue ,
Sombre et silencieuse, occupe chaque rue ,
Et qu'au même signal, tous frappent à la fois.

(A un des chefs.)

Toi, de Besme, et les tiens, entoure la demeure
De l'amiral... que le premier il meure !

(A un autre.)

Vous, à l'hôtel de Sens, où de nos ennemis
Tous les principaux chefs ce soir sont réunis
A la fête que l'on prépare
Pour Marguerite et le roi de Navarre.
Écoutez ! écoutez ! — lorsque de Saint-Germain
Pour la première fois retentira l'airain ,
Attentifs et muets à ce signal d'alarmes ,
Dans l'ombre préparez vos soldats et vos armes !
Et lorsqu'enfin de l'Auxerrois
La cloche sainte aura pour la seconde fois
Du ciel impatient annoncé la vengeance,
Le fer en main , alors levez-vous tous ,
Soldats du Christ ! Dieu marche devant vous,

(Leur montrant les portes du fond qui s'ouvrent.)

Ce Dieu qui vous entend et vous bénit d'avance !

SCÈNE V.

LES PRÉCÉDENTS. Trois moines s'avançant
lentement.

LES TROIS MOINES.

Gloire au Dieu vengeur !
Gloire au guerrier fidèle

Dont le glaive étincelle
Pour servir le Seigneur !

(Tous les assistants tirent leurs poignards ou leurs épées.)

LES TROIS MOINES, étendant les mains.

Glaives pieux , saintes épées,
Qui dans un sang impur bientôt serez trempées,
Vous par qui le Très-Haut frappe ses ennemis,
Poignards sacrés, par nous soyez bénits!

CHŒUR.

Oui, gloire au Dieu vengeur!
Gloire au guerrier fidèle
Dont le glaive étincelle
Pour servir le Seigneur !

SAINT-BRIS, leur montrant la croix blanche et l'écharpe
qu'il porte.

Que cette écharpe blanche et cette croix sans tache
Du ciel distinguent les élus !

LES TROIS MOINES, s'adressant chacun à un groupe.

Ni grâce, ni pitié; frappez tous sans relâche;
L'ennemi qui s'enfuit, l'ennemi qui se cache,
Les guerriers suppliants à vos pieds abattus!
Ni grâce, ni pitié; que le fer et la flamme
Atteignent le vieillard, et l'enfant et la femme!
Anathème sur eux! Dieu ne les connaît plus!

CHŒUR GÉNÉRAL.

Dieu le veut! Dieu l'ordonne!
Qu'on n'épargne personne!
A ce prix il pardonne
Au pécheur repentant.
Que le glaive étincelle,
Que le sang ruisselle,
Et la palme immortelle
Dans le ciel vous attend!

SAINT-BRIS.

Silence!

LE CHŒUR, s'interrompant et reprenant à voix basse.

Que rien ne nous trahisse,
Et que de leur supplice
Rien ne les avertisse.
Retirons-nous sans bruit
Dans l'ombre et dans la nuit ;
C'est Dieu qui nous conduit.
Point de bruit! A minuit!
Point de bruit!
Dieu nous guide et nous conduit.

(La foule s'écoule en silence. Saint-Bris s'éloigne avec eux.

SCÈNE VI.

VALENTINE , RAOUL.

(Il soulève lentement la tapisserie, s'assure que tout le monde
est sorti, et s'élance vers la porte du fond, mais il s'arrête
en entendant qu'en dehors on la ferme au verrou. —Il se dirige alors vers la porte à gauche, et Valentine sort en ce moment de son appartement.

DUO.

VALENTINE.

Où vas-tu ?

RAOUL.

Secourir mes frères !
Dévoiler à leurs yeux ces complots sanguinaires,
Armer leurs bras vengeurs, et, le fer à la main,
De nos vils ennemis prévenir le dessein !

VALENTINE.

Mais ces ennemis !... c'est mon père,
C'est un époux qu'à présent je révère;
Et tu voudrais les immoler ?

RAOUL.

Je veux
Punir des assassins !

VALENTINE,

Armés au nom des cieux !

RAOUL.

Et voilà donc le Dieu que ton culte consacre,
Ce Dieu qui des Français ordonne le massacre!

VALENTINE.

Ah ! ne blasphème pas ! c'est lui dont la pitié
Veut préserver tes jours, auxquels il s'intéresse.
Ne sors pas!

RAOUL.

Je le dois !

VALENTINE.

C'est trahir ma tendresse.

RAOUL.

Et rester... c'est trahir l'honneur et l'amitié!

RAOUL.

Le danger presse, le temps vole!
Laisse-moi, laisse-moi partir !
Ce sont mes frères qu'on immole,
Laisse-moi, laisse-moi partir.
L'honneur le veut, je dois te fuir.

VALENTINE.

Si tu me quittes l'on t'immole,
Garde-toi, garde-toi de fuir,
O mon seul bien, ma seule idole,
Garde-toi, garde-toi de fuir.
Ah ! te perdre serait mourir!

VALENTINE, le retenant près de la porte où il s'est élancé.

Non, par toi ce seuil redoutable
Ne sera pas franchi! je m'attache à tes pas!

RAOUL, cherchant à se dégager.

En t'écoutant je suis coupable!

VALENTINE.

En t'écoutant ne le suis-je donc pas?
Je le fais cependant, et dans mon trouble extrême
Je ne vois plus que toi dont les jours sont proscrits,
    Reste, Raoul, et si tu me chéris,
Si tu m'aimes encor...

RAOUL.

            Plus que jamais je t'aime.
Je voudrais te donner et mon sang et moi-même!
Mais immoler les miens, mes frères, mes amis!

VALENTINE.

Mais, sorti de ces lieux, chaque pas dans la ville
Peut t'offrir un danger! et pour t'en préserver
Reste ici cette nuit! reste dans cet asile!

RAOUL.

Je ne puis!

VALENTINE.

Et la mort?

RAOUL.

            Je saurai la braver!

VALENTINE.

Eh bien donc, si ma voix vainement te supplie,
Et si mon malheur seul peut préserver ta vie;
Enfin... s'il faut me perdre afin de te sauver,
    Reste, Raoul, reste.... je t'aime!!!

RAOUL.

    O bonheur suprême!
    O délire!... ô transport!
Quel mot du ciel s'est fait entendre!
Oui! cet instant change mon sort,
    Vienne à présent la mort,
Puisqu'à tes pieds je puis l'attendre!

VALENTINE.

Ah! qu'ai-je dit?... grâce et pitié!

RAOUL.

Oui, tu l'as dit... oui, tu m'aimes.
C'est le jour qui renaît, c'est l'air pur des cieux mêmes!
Auprès de toi, que tout soit oublié!
    Parle encore et prolonge
    De mon cœur le doux sommeil!

            (La pressant contre son cœur.)

Et si mon bonheur est un songe,

Que jamais, ô mon Dieu, n'arrive le réveil!

(Il tombe à ses genoux et l'entoure de ses bras. On entend dans
le lointain le son d'une cloche.)

RAOUL, se relevant.

Entends-tu ces sons funèbres?

VALENTINE, à part.

Ils me glacent de terreur!

RAOUL.

Du sein des noires ténèbres
S'élève un cri de fureur!

(Portant la main à son front et comme sortant de son égare-
ment.

Où donc étais-je?

VALENTINE.

Auprès de moi, dont les prières....

RAOUL.

Ah! souvenir fatal!
    Du massacre de mes frères
C'est l'horrible signal!

RAOUL.

Plus d'amour!... plus d'ivresse!
O remords qui m'oppresse!
Je les verrais sans cesse
Égorgés sous mes yeux!

            (Repoussant Valentine.)

Je ne veux rien entendre!
Mes frères vont m'attendre,
Et je cours les défendre
Ou mourir avec eux!

VALENTINE.

Eh quoi! dans ton ivresse,
Repousser ma tendresse!
Le remords qui m'oppresse
Est-il donc moins affreux?
Quoi! l'amour le plus tendre
Veut en vain te défendre!...
Raoul, daigne m'entendre
Ou je meurs à tes yeux!

            (On entend de nouveau les cloches.)

RAOUL.

C'en est fait!... voici l'heure!
Le ciel veut que je meure:
    m'arrêtes en vain!

VALENTINE.

Je ne te quitte pas!... frappe, voilà mon sein.

RAOUL, cherchant à s'arracher de ses bras.

Dieu! soutiens mon courage!...

            (S'approchant de la fenêtre à droite.)

Tiens... vois sur ce rivage,
Vois ces cadavres sanglants.

VALENTINE.

Ah ! quelle horreur s'empare de mes sens...

(Hors d'elle-même.)

Raoul ! ils te tueront !... reste ! reste, ou je meurs !

RAOUL, dans le plus grand trouble.

Ah !... que faire? et comment resister à ses pleurs

(Le beffroi retentit, et l'on entend le bruit des armes. Raoul
pousse un cri d'effroi.)

Non!... c'en est fait... l'honneur m'ordonne de partir.

(Regardant Valentine à moitié évanouie.)

Dieu!... veillez sur ses jours !... et moi je vais mourir !

(Il s'élance du haut du balcon qui est à droite et disparaît. Valentine pousse un cri et s'évanouit.)

FIN DU QUATRIÈME ACTE.

ACTE CINQUIÈME.

SCÈNE I.

Des appartements magnifiquement éclairés dans l'hôtel de Sens. Damville, de Guerchy, tous les principaux protestants y sont réunis. Des dames de la cour, en habits de gala, garnissent les banquettes du bal, ou dansent avec de jeunes cavaliers.—Les passe-pieds, les sarabandes se succèdent gaiement. — Paraît au fond Marguerite avec Henri de Navarre, son mari, suivie de son page Urbain. Les dames et seigneurs vont au-devant de la reine et lui font les honneurs de cette fête, donnée en l'honneur de son mariage. Le groupe royal traverse la salle du bal, et disparaît dans un autre appartement. Au milieu d'une musique bruyante, on croit entendre le son lointain d'une cloche. — Les danseurs s'arrêtent, écoutent un instant, puis avec indifférence se remettent à danser, et au moment où tout présente l'aspect du bal le plus animé, on entend un grand bruit en dehors. Raoul paraît à la porte du fond, pâle, en désordre, et ses habits ensanglantés.

SCÈNE II.

Les précédents; RAOUL, se précipitant au milieu de la salle du bal.

RAOUL.

Aux armes, mes amis ! on immole nos frères,
L'autre bord de la Seine est inondé de sang !
Des assassins gagés les hordes meurtrières
Seront ici dans un instant !

CHŒUR, entourant Raoul ou formant en désordre différents groupes et se parlant entre eux.

Non, non, c'est impossible,
Non, non, je ne puis croire à ce crime odieux,
A cette trahison horrible !...

RAOUL.

Vainement ma raison veut démentir mes yeux.

AIR.

A la lueur de leurs torches funèbres
J'ai vu courir des soldats forcenés !
Ils s'écriaient au milieu des ténèbres :
« Frappez, frappez ! Dieu les a condamnés ! »
J'ai vu tomber des guerriers sans défense.
De notre chef l'asile est assailli,
Et leurs poignards altérés de vengeance
De mille coups ont percé Coligny !

CHŒUR.

O forfait inouï !

RAOUL.

Ce noble front que la victoire honore,
Ils n'osaient sans pâlir le contempler vivant,
Et mort — ils l'insultaient !

(Montrant son habit ensanglanté.)

Amis, voilà son sang !
Maintenant doutez-vous encore ?

(Avec douleur et indignation.)

Et ce sont des Français ! et ce sont des chrétiens
Qui du trône et du ciel se disent les soutiens !
Errant et furieux, maudissant leur supplice,
Des hommes et du ciel invoquant la justice,
Au Louvre je courais, à travers le danger,
Implorer le roi Charle !... O forfait !... anathème !..
Du haut de son balcon j'ai vu le roi lui-même
Immoler ses sujets, qu'il devait protéger.
Partout le meurtre et l'incendie !
Partout des prêtres en furie
Du ciel proclament le courroux !
Et la jeune fille en prière,
L'enfant sur le sein de sa mère,
Rien, hélas ! n'échappe à leurs coups !
Verrons-nous couler sans défense

Ce sang qui demande vengeance ?...
Il l'attend ! il l'aura de nous !

(Avec le chœur.)

Aux armes ! à la vengeance !
Courons tous à la défense
Des martyrs et des héros !
Oui, rendons guerres pour guerres;
Vengeons la mort de nos frères
Dans le sang de leurs bourreaux !

RAOUL.

Courons au Louvre, où Charles nous délie
De nos serments, de notre foi !
Lui-même en nous frappant brisa son sceptre impie;
Chef de nos meurtriers, il n'est plus notre roi !

CHŒUR.

Aux armes ! à la vengeance !
Courons tous à la défense
Des martyrs et des héros !
Oui, rendons guerres pour guerres,
Vengeons la mort de nos frères
Dans le sang de leurs bourreaux !

Les femmes pâles d'effroi s'enfuient suivies de leurs pages et écuyers; les hommes tirent leurs épées et sortent tous en désordre par toutes les portes du salon.

Le théâtre change. — Un cloître. — Au fond un temple protestant dont on voit les vitreaux. A gauche une petite porte qui conduit dans l'intérieur de l'église. A droite une grille qui donne sur un carrefour. Des femmes huguenotes conduisant et portant leurs enfants traversent la scène en fuyant. Marcel, blessé, au milieu des femmes et des enfants qui se pressent autour de lui, leur indique de la main la porte du temple.)

MARCEL.

Là !... là... dans notre temple !... au pied du saint
Nous mourrons tous en priant l'Éternel ! [autel,

Les femmes et les enfants se réfugient dans le temple qui est à gauche. Marcel tombe à genoux et prie.)

RAOUL, entrant par la grille à droite.

C'est toi, mon vieux Marcel, que j'ai cru reconnaître?

MARCEL.

Ah! je priais pour vous !...

(Se relevant.)

Je vous revois, mon maître.

RAOUL.

Éloigne-toi... Pourquoi t'exposer à leurs coups ?

MARCEL.

Maître... c'est mon devoir de mourir près de vous.

RAOUL, le regardant.

Blessé ! blessé !

MARCEL, avec résignation.

Qu'importe, en ce moment terrible !

RAOUL.

Je vengerai ton sang !

MARCEL.

Hélas! c'est impossible,
Mon maître, il faut mourir!les soldats, les bourreaux,
Cernent de toutes parts un reste de héros.
Dans ce temple encor libre, hélas! dernier asile,
Des femmes, des enfants la foule en pleurs s'exile
Pour mourir saintement! – Venez...,pour tout effort,
Il ne nous reste plus qu'à partager leur sort !

SCÈNE III.

VALENTINE, entrant.

Où courez-vous?

RAOUL.

A la gloire!

MARCEL.

Au martyre !

VALENTINE.

Non, tu ne mourras point !... et le ciel qui m'inspire
Conduit mes pas !... Je viens te sauver.

RAOUL.

Se peut-il?

VALENTINE.

Cette écharpe à ton bras... nous pouvons sans péril
Parvenir jusqu'au Louvre, et là dans sa clémence
La reine épargnera tes jours, si tu veux, toi.

RAOUL.

Et que m'ordonne-t-on?

VALENTINE.

D'embrasser ma croyance.

RAOUL.

Quand je serais flétri, seriez-vous plus à moi?
Tout nous sépare.

VALENTINE.

Oh ! non ! je puis aimer sans crime
A présent !

MARCEL.

Oui, Nevers, ennemi généreux,
M'arrachant aux bourreaux dont j'étais la victime,
A succombé lui-même, assassiné par eux !

RAOUL.

Eh quoi ! Nevers n'est plus !

VALENTINE.

Que son cœur me pardonne
De suivre en te sauvant l'exemple qu'il me donne.

RAOUL.

Quoi ! Nevers... mort ! Devoir, amour, supplice af-
[freux !
Marcel ! ne vois-tu pas que mon bonheur s'apprête ?

MARCEL.

Ne vois-tu pas la main du Seigneur qui t'arrête ?

VALENTINE.

Viens, viens !

RAOUL, montrant Marcel.

Non, près de lui je reste pour mourir !

MARCEL.

Mon fils, mon fils !

VALENTINE.

Ainsi je te verrai périr !
Ainsi pour toi la honte est d'accepter la vie
Que m'accordait la reine et que je viens t'offrir !
Et quand ma destinée à la tienne est unie,
Quand pour toi je vivais... sans moi tu veux mourir !
Eh bien ! tu connaîtras tout l'amour d'une femme.
Ingrat !... tu veux en vain que nos nœuds soient rom-
A toi seul désormais et ma vie et mon âme ! [pus.
Enfer, ou paradis, je ne te quitte plus ;
Juge à présent, Raoul, et ton cœur et le mien :
Tu maudissais mon culte, et j'adopte le tien !
Dieu maintenant peut faire
Selon sa volonté :
Ensemble sur la terre
Et dans l'éternité !

MARCEL, la regardant avec attendrissement.

Le Seigneur de sa flamme et l'échauffe et l'éclaire.

VALENTINE.

Oui, c'est lui qui m'inspire en ma nouvelle foi,
Venez et vers lui guidez-moi.
Mon bon Marcel, mon père !

RAOUL.

Nul ministre du ciel ne peut bénir ici
Cet hymen chaste et pur dont la mort est le gage ;
Par le droit des vertus et par le droit de l'âge
Jadis mon serviteur, sois mon prêtre aujourd'hui.

MARCEL.

Ah ! qu'il en soit ainsi....

(On entend dans l'intérieur de l'église les femmes et les enfants
qui chantent le cantique de Luther.)

Mais écoutez ces anges !
Du Dieu vivant ils chantent les louanges
En attendant la mort. — Vous, dans ce triste lieu,
Répondez, comme devant Dieu !..

TRIO.

(Les deux amants à genoux. Marcel debout entre eux, d'une
voix grave et sévère.)

MARCEL.

Savez-vous qu'en joignant vos mains dans ces ténè-
Je consacre et bénis [bres,

Le moment des adieux et des noces funèbres ?...

RAOUL ET VALENTINE.

Nous savons qu'au ciel seul nous devons être unis.

MARCEL.

Avez-vous rejeté toute chaîne mortelle,
Tout espoir d'ici-bas ?
Et la foi seulement dans vos cœurs survit-elle ?

RAOUL ET VALENTINE.

Oui, la foi dans nos cœurs règne enfin sans com-
MARCEL. [bats.
Verrez-vous sans trembler le fer, la flamme luire ?
Et cette foi d'un jour,
La renirez-vous pas en face du martyre ?

RAOUL ET VALENTINE.

Dieu nous donna la force en nous donnant l'amour !

MARCEL, les bénit.

(Tout à coup on entend dans l'intérieur du temple un grand
bruit d'armes et des cris menaçants. — A travers les vitraux
on voit briller des torches ou le fer des lances. — Les meurtriers viennent de pénétrer dans l'église dont ils ont brisé les
portes.)

CHŒUR DE CATHOLIQUES, dans l'intérieur de l'église.

Abjurez, Huguenots, ou mourez !
Renégats, grâce ou mort !... abjurez !

VALENTINE.

Ah ! les infâmes !...
Massacrer sans pitié des enfants et des femmes
Qui reçoivent la mort
En louant le Seigneur !...

(Écoutant près de l'église la prière des huguenots qui continue
toujours).

Dieux !.. ils chantent encor !

VALENTINE, MARCEL et RAOUL, se jettent à genoux et
prient avec ferveur.

(Un grand silence succède aux cris et au bruit des armes.)

VALENTINE, écoutant.

O vœux superflus !

(Avec désespoir.)

Ils ne chantent plus.

(Marcel, qui était à genoux, se relève soudain : ses yeux se portant vers le ciel ; une sainte joie brille en tous ses traits, et à
l'enthousiasme qui s'empare de lui, il semble qu'une vision
céleste lui apparaisse.)

MARCEL, avec exaltation.

Voyez ! le ciel s'ouvre et rayonne !
Hosanna ! le divin clairon sonne,
Et la marche des anges résonne
Conduisant les martyrs jusqu'à Dieu.
Ces harpes, que j'écoute
M'indiquent la route ;
J'y vole moi-même,
Délice suprême !
Noble trépas que j'aime,
Terre, terre, adieu !

RAOUL ET VALENTINE, le regardant avec admiration.

Ah ! voyez, son visage rayonne,
Son front d'éclairs se couronne,
Et sa voix dans l'espace résonne ;
Hosanna ! c'est l'archange de Dieu.
J'admire, j'écoute,
Il montre la route,
J'y vole moi-même.
Délice suprême,
Noble trépas que j'aime.
Terre, terre, adieu !!!

(Quelques meurtriers qui paraissent à l'entrée du carrefour à droite, appellent leurs compagnons, et brisent la grille ; ils s'élancent sur le théâtre, se précipitent vers Raoul, Marcel et Valentine, qui, se tenant par la main, s'avancent lentement en offrant leur poitrine aux coups des assassins. Ceux-ci étonnés reculent d'abord quelques pas, puis ils reviennent, les entourent, et leur présentant à chacun la croix de Lorraine et l'écharpe blanche.)

CHŒUR.

Abjurez, huguenots, ou mourez !
Renégats, grâce ou mort... abjurez !
VALENTINE, MARCEL et RAOUL, refusant.
Non, non, je ne crains rien de vous,
Dieu nous guide et marche avec nous !

(Les meurtriers furieux se jettent sur eux, les séparent, les entraînent ; ils disparaissent par le carrefour à droite, et au même moment on entend en dehors et du même côté plusieurs coups de feu.)

SCÈNE IV.

(Le théâtre représente une vue d'un quartier de Paris en 1572.)

CHŒUR, en dehors.

Par le fer et par l'incendie,
Exterminons leur race impie.
Point de pitié ! point d'innocent !
Soldats de la foi catholique,
Frappons, poursuivons l'hérétique :
Dieu le veut !.. oui, Dieu veut leur sang !

(A droite du théâtre, Raoul et Marcel blessés mortellement viennent de tomber. — Valentine est près d'eux et leur pro-

digue ses secours. — On voit venir à gauche Saint-Bris à la tête d'une compagnie d'arquebusiers.)

SAINT-BRIS, criant à Raoul et à ses deux compagnons.
Qui vive ?

(Raoul cherche à soulever sa tête mourante. Valentine lui met la main sur la bouche pour l'empêcher de répondre.)

VALENTINE, à Raoul.
Ah ! de grâce, tais-toi !

RAOUL fait un effort, se relève et crie.)
Huguenot !

VALENTINE, se levant alors, et l'entourant de ses bras, s'écrie ainsi que Marcel.)
Nous aussi !

SAINT-BRIS, à ses soldats, dont l'arquebuse est en joue et la mèche allumée.)
Frappez au nom du roi !

(Les soldats font feu sur le groupe, et Valentine tombe frappée à mort.)

VALENTINE, tombant.
Ciel ! mon père !

SAINT-BRIS, se précipitant vers elle,
Ah ! qu'entends-je !
Ma fille !

MARCEL, se soulevant.
Oui, déjà Dieu nous venge !
Devant son tribunal nous nous reverrons tous !
Je t'y vais accuser !...

(Il retombe et meurt.)

VALENTINE, à son père.
Et moi prier pour vous !

(Elle retombe sur le corps de Raoul.)

(En ce moment paraît au milieu du théâtre la litière de Marguerite de Valois, qui sort du bal pour rentrer au Louvre. A l'aspect de Valentine expirante, elle jette un cri d'effroi, et de la main elle arrête les soldats catholiques.)

CHŒUR.

Par le fer et par l'incendie,
Exterminons la race impie !
Point de pitié ! point d'innocent !
Soldats de la foi catholique,
Frappons, poursuivons l'hérétique ;
Dieu le veut, Dieu veut leur sang !

FIN DU CINQUIÈME ET DERNIER ACTE.

Musique avec primes de 75,000 francs,

Chez M. Maurice SCHLESINGER, 97, rue Richelieu.

La présentation d'une loi portant prohibition des primes quelles qu'elles soient n'est plus douteuse. Les Éditeurs-Unis peuvent donc être prochainement placés entre le respect dû à cette loi et celui non moins impérieux qu'ils doivent aux engagements publics contractés par eux. Pour concilier d'avance ce double devoir, ils ont pris à l'unanimité la résolution suivante :

Tous les tirages seront opérés dans le délai de trois mois.

En conséquence les *Soixante-deux mille francs* restant à répartir seront tirés, savoir : le 29 février prochain, *Douze mille fr.*; le 20 mars prochain, *Cinq mille francs*; le 15 avril prochain, *Cinq mille francs*; le 31 avril prochain, *Cinq mille francs*; enfin le 30 mai prochain, *Trente-cinq mille francs*, le tout formant 41 lots dont un seul de la somme de *Trente mille francs*.

Dans le cas où la loi prohibitive des primes serait rendue avant le 31 mai, tous les tirages s'effectueront la veille de la promulgation de la loi; les Éditeurs-Unis en prennent l'engagement formel.

Les bulletins délivrés par nous concourent à tous les tirages des primes, qui seront de 62,000 fr., tirés d'ici au 31 mai.

Les numéros gagnants au tirage du 31 décembre dernier sont : Série 16, n° 691, prime de 10,000 fr. (Cette prime a été gagnée par M. Louis DARDELET, cultivateur à Giranville, près Milly, Seine-et-Oise, dont le reçu est inséré ci-contre). Les numéros gagnant les primes de 300 fr. sont : Série 3, n° 51; série 64, n° 447; série 62, n° 992; série 35, n° 913; série 68, n° 532; série 8, n° 789. Quatre lots de 300 fr. ne sont pas encore retirés, ce qui laisse supposer qu'ils ont été gagnés par des souscripteurs habitant des départements éloignés.

Reçu de Monsieur Dardelet.

Je, soussigné, porteur de l'obligation de primes des Éditeurs-Unis, laquelle m'a été délivrée le 12 décembre 1835, sous le numéro 691, série 16, reconnais avoir reçu en espèces et à présentation, des mains de M. A. [illegible], dépositaire, la somme de DIX MILLE FRANCS, montant du lot qui m'est échu au premier tirage qui a eu lieu le 31 décembre dernier, de la prime de 75,000 fr. instituée par les Éditeurs-Unis.

Paris, le 6 janvier 1836. DARDELET.

Nous accordons la remise de *cinquante pour cent* sur les prix marqués de toute musique gravée en France (prix nets exceptés). Outre cette remise, les acheteurs recevront gratuitement UN BILLET DE PRIME, avec l'acquisition de musique et POUR CHAQUE SOMME DE 5 FRANCS.

POUR PARAITRE LE 31 MARS 1836.

Bibliothèque du jeune Pianiste,

PAR CHARLES SCHUNKE.

C'est sous ce titre que nous publierons incessamment un ouvrage destiné à un succès populaire. *M. Ch. Schunke*, le célèbre pianiste, [illegible] a bien voulu consacrer ses heures de loisir à la *jeunesse studieuse*. L'ouvrage dont nous nous occupons est destiné aux progrès de la jeunesse; il est à la fois *facile*, *brillant* et plein de mélodie. La plupart des *rondos*, *fantaisies* et *variations* qui composent la collection sont sur des thèmes d'opéras nouveaux, et de plus à la mode, ou sur des motifs devenus populaires, et tous *extrêmement facile* et soigneusement doigtés. L'ouvrage sera divisé en cinq parties distinctes et graduées, afin de ne pas engager les élèves à jouer trop long-temps un œuvre portant le même titre.

1re Livraison.

SIMPLES LEÇONS AUX JEUNES FILLES.

1. Marche des Indiens de Sémiramis, de Rossini.
2. Cherry ripe, varié.
3. Rondino sur Ludovic, d'Hérold et d'Halévy.
4. Bagatelle sur les couplets de Cosimo.
5. Mélodies irlandaises.
6. Rondo sur l'Éclair, d'Halévy.

2e Livraison.

Diorama des Enfants.

1. La Main dans la Mienne, saltarelle de Cosimo.
2. Rondo-galop sur l'Île des Pirates.
3. Rondino sur Sémiramis de Rossini.
4. Mosaïque des Capuletti et Montecchi, de Bellini, 1re suite.
5. Polonaise brillante de Faust, de Spohr.
6. Provençale sur l'Éclair, d'Halévy.

3e Livraison.

Trésor de la Jeunesse.

1. Divertissement sur le pas de Mlle Taglioni dans Robert-le-Diable, de Meyerbeer.
2. Rondo militaire sur la Juive, d'Halévy.
3. Pas des Bayadères de l'Île des Pirates.
4. Mosaïque des Capuletti et Montecchi, 2e suite.
5. Invitation à la valse, sur la valse de la Juive.
6. Fantaisie sur des motifs d'Obéron, de Weber.

4e Livraison.

Heures de Récréation.

1. Variations sur la romance de l'Éclair, d'Halévy.
2. Mosaïque sur la Straniera de Bellini, 1re suite.
3. Fantaisie diabolique sur la Danse des Démons de Spohr.
4. Air du ballet de l'Île des Pirates.
5. Air allemand varié.
6. Rondo pastoral sur le ranz des vaches d'Appenzell, de Meyerbeer.

5e Livraison.

Le Rameau d'Or.

1. Variations sur la Norma, de Bellini.
2. Le Carnaval de Vienne, valses.
3. Fantaisie sur l'air de Nourrit dans la Juive.
4. Mosaïque de la Straniera de Bellini, 2e suite.
5. Variations sur un thème de Weber.
6. Variations sur Anna Bolena, de Donizetti.

Prix de souscription pour l'ouvrage complet, 20 fr. net, *avec 4 billets de prime*.
Pour chaque livraison détachée, 5 fr. net, et *un billet de prime*.

Musique avec Primes de 75,000 Francs.

(UN BULLETIN DE PRIME POUR CHAQUE SOMME DE 5 FR.)

Chez Maurice SCHLESINGER, 97, rue Richelieu.

Ouvrages nouveaux par FRÉDÉRIC KALKBRENNER.

UNE PENSÉE DE BELLINI,

Variations brillantes pour le piano.

Op. 151. Prix : 7 fr. 50 c.

La Crainte et l'Espérance,

RONDO BRILLANT POUR LE PIANO.

Op. 130. Prix : 7 fr. 50 c.

QUADRILLES

De Contredanses Nouvelles pour le Piano,

PAR TOLBECQUE.

L'ÉCLAIR, Deux quadrilles, chaque	4 50
LA JUIVE, Trois quadrilles, chaque	4 50
L'ILE DES PIRATES, Deux quadrilles, chaque	4 50
COSIMO, Deux quadrilles, chaque	4 50
CHAO-KANG, ballet chinois, Deux quadrilles, chaque	4 50
LES SALONS DE PARIS, Deux quadrilles, chaque	4 50
LE CARNAVAL DE PARIS	4 50
LA STRANIERA	4 50
LUDOVIC, Deux quadrilles, chaque	4 50
LE REVENANT	4 50
LE PROSCRIT, Deux quadrilles, chaque	4 50
LE DILETTANTE D'AVIGNON	4 50
NATHALIE, Trois quadrilles, chaque	4 50
LA TENTATION, Trois quadrilles, chaque	4 50
ROBERT-LE-DIABLE, Trois quadrilles, chaque	4 50

Les mêmes Quadrilles en quintettes, pour deux violons, deux flûtes, deux flageolets ;

LA JUIVE, L'ILE DES PIRATES, COSIMO et LES SALONS, pour orchestre.

PAR MUSARD.

QUADRILLE ANGLAIS	4 50
PARIS	4 50
LA JUIVE, Trois quadrilles, chaque	4 50
DON JUAN	4 50
CHAO-KANG, Deux quadrilles chinois, chaque	4 50
ELISA-BERLOT, contredanses brillantes et variées	4 50

Collection

DES OPÉRAS DE ROSSINI.

Arrangés pour piano seul, avec accompagnement de flûte ou violon ad libitum.

Cette collection se compose de quinze livraisons ; le prix de chaque livraison est de 10 fr. net et 14 fr. net sur grand papier vélin colombier.

Chaque livraison est ornée d'une jolie vignette lithographiée par Franquelin, et brochée avec une couverture imprimée.

1re liv.	Semiramide	9e liv.	Il Turco in Italia
2e	Zelmira	10e	L'Italiana in Algieri
3e	La Donna del Lago	11e	Armida
4e	Il Barbiere di Siviglia	12e	Riccardo e Zoraide
5e	Mosè	13e	Maometto secondo
6e	La Gazza Ladra	14e	Matilda di Shabran
7e	Tancredi	15e	La Cenerentola
8e	Otello		

COLLECTION DES OPÉRAS DE ROSSINI

Nouvelle édition,

Partition de Piano, mise par l'Auteur.

Cette collection se compose de seize livraisons, dont chacune contient un opéra complet. Le prix de chaque livraison est de 13 fr. net, brochée avec couverture imprimée. Chaque livraison est ornée d'une jolie vignette lithographiée par Franquelin. Le Siège de Corinthe et Moïse sont ceux que l'auteur a écrits pour l'Académie royale de Musique de Paris.

1re liv.	Il Barbiere di Siviglia	9e liv.	La Donna del Lago
2e	Tancredi	10e	Mosè
3e	Zelmira	11e	Il Turco in Italia
4e	Semiramide	12e	La Cenerentola
5e	Le Siège de Corinthe	13e	L'Italiana in Algieri
6e	Matilda di Shabran	14e	Riccardo e Zoraide
7e	Otello	15e	Elisabetta
8e	La Gazza Ladra	16e	Armida

COLLECTION

DE VALSES FAVORITES DE VIENNE

COMPOSÉES

Par J. Strauss,

Op. 34. Charmant Walzer	Op. 66. Souvenira de Pesth
— 35. Tivoli de Vienne	— 57. Mosaïque de Valses
— 51. Plaisirs de Vienne	— 69. La Belle Gabrielle
— 56. Valses d'Alexandra	— 71. A la plus Belle
— 59. Les Quatre Tempéraments	— 75. L'Iris
— 61. Tausendsappperment Walzer	— 76. La Belle Rose
	— 77. Seconde mosaïque de Valses
— 65. La Gaîté	— 78. Souvenirs de Berlin
— 66. L'Inconnue	— 79. Bon Soir

Le prix marqué de chaque œuvre, pris séparément, est de 2 fr. 50 c. Les autres numéros de cette collection sont sous presse. Les personnes qui prendront toute la collection ne paieront chaque cahier que deux francs net.

COLLECTION

Des chefs-d'œuvre Lyriques et Modernes

Des écoles française, italienne et allemande,

(CINQ SÉRIES.)

Le prix de chaque livraison est de 18 fr. net, et 30 fr. net sur grand papier, plus colombier pour les souscripteurs.

PREMIÈRE SÉRIE.		5e	Marguerite d'Anjou, de Meyerbeer.
1re liv.	Semiramis, de Rossini.	6e	Emmeline ou La Famille suisse, de Weigl.
2e	Zelmira, id.		
3e	Robin des Bois, de Weber		**QUATRIÈME SÉRIE.**
4e	Le sacrifice interrompu, de Winter	1re liv.	La Muette de Portici, d'Auber
5e	Il Crociato, de Meyerbeer	2e	La Straniera, de Bellini
6e	La Neige, d'Auber	3e	Il Pirata, id.
DEUXIÈME SÉRIE.		4e	Oberon, de Weber
1re liv.	Elisa e Claudio, de Mercadante	5e	Faust, de Spohr
2e	Fidelio, de Beethoven	6e	Robert-le-Diable, de Meyerbeer
3e	Maometto, de Rossini		**CINQUIÈME SÉRIE.**
4e	Matilda di Shabran, id.	1re liv.	Norma, de Bellini
TROISIÈME SÉRIE.		2e	La Vestale, de Spontini
1re liv.	Moïse, de Rossini	3e	Fernand Cortez, id.
2e	Le Siège de Corinthe, id.	4e	Zampa, de Hérold
		5e	La Juive, d'Halévy

On souscrit pour chaque série.

COLLECTION DES OPÉRAS DE MOZART,

En partition de piano, nouvelle édition.

Cette collection se compose de neuf livraisons, chaque livraison est ornée d'une lithographie dont plusieurs de M. H. Vernet. Le prix de chaque livraison est de 18 fr. net.

1re liv.	Les Noces de Figaro	8e	L'Impresario, etc.
2e	La Clémence de Tito	9e	Collection N° 1re, deux à deux,
3e	Il Flauto Magico		tirée de ses premiers opéras,
4e	Don Giovanni		représentés en ...
5e	Idomeneo		
6e	Cosi fan Tutte		
7e liv.	Il Seraglio		

9 782019 970369